Frecce

Magdi Cristiano Allam

# GRAZIE GESÙ

*La mia conversione
dall'islam al cattolicesimo*

Cara Nadia,

con fratellanza amicizia
ti auguro di cuore
di condividere
le profezie liste
nella fede il Gesù
ci sono
la verità, vita, amore,
libertà e pace

M. Cristiano M.

**MONDADORI**

Genova 12.7.08

Dello stesso autore
in edizione Mondadori

*Diario dall'Islam*
*Bin Laden in Italia*
*Saddam*
*Kamikaze made in Europe*
*Vincere la paura*
*Io amo l'Italia*
*Viva Israele*

www.librimondadori.it

«Grazie Gesù»
di Magdi Cristiano Allam
Collezione Frecce

ISBN 978-88-04-57850-5

# Indice

# Grazie Gesù

*A Davide*

Sei il dono
hai lottato con tutto te stesso
per radicarti nel grembo materno
hai vinto piccolo Davide
la battaglia della vita
contro il Golia della morte
regalando a tutti noi una nuova vita

Sei il dono
hai ravvivato l'amore nei nostri cuori
contemplarti è diventata la vera gioia
ci hai aperto gli occhi alla purezza della verità
scoprire che ciò che avevamo ed eravamo
ha un senso solo grazie alla tua presenza
regalando a tutti noi una nuova vita

Sei il dono
l'amato da Dio sempre desiderato
disceso dal cielo con l'incanto dell'arcobaleno
le braccia distese di un aeroplanino magico
una calamita che ricompone i frammenti dell'anima
con te e per te nulla sarà più come prima
regalando a tutti noi una nuova vita

# I
## Il mio battesimo

*Grazie Gesù, Dio dell'Amore, della Verità, della Vita e della Libertà, che per intercessione del Santo Padre Benedetto XVI, il papa della Fede e della Ragione, mi hai accolto nella comunità dei credenti cristiani. Celebrando la tua Risurrezione si è compiuta in me la risurrezione interiore dello spirito. Ha così finalmente visto la luce, per grazia divina, il frutto sano e maturo di una lunga gestazione vissuta nella sofferenza e nella speranza, tra la profonda e intima riflessione e la consapevole e manifesta esternazione. Ora mi rendo conto che nella mia prima Pasqua da cristiano non ho scoperto solo te, o Gesù; ho scoperto, per la prima volta, il vero e unico Dio. Ed è a te che dedicherò, da cristiano, tutto il resto della mia vita, cominciando dalla scelta del mio nuovo nome in tuo onore: Cristiano.*

È stato il giorno più bello della mia vita. Ricevere il dono della fede cristiana nella ricorrenza della Risurrezione di Cristo per mano del Santo Padre è un privilegio ineguagliabile e un bene inestimabile. Per me, all'età di quasi cinquantasei anni, è un fatto storico, unico e indimenticabile, che segna una svolta radicale e definitiva rispetto al passato. Nella notte del 22 marzo 2008, ricorrenza della Veglia pasquale, durante la solenne liturgia celebrata nella magnificenza della basilica di San Pietro, culla della cattolicità, sono rinato in Cristo. Dopo un lunghissimo travaglio vissuto da musulmano per un'eredità acquisita dai genitori e con una storia personale di dubbi, lacerazioni e tormenti, si è accesa in me per volontà divina e per scelta responsabile la luce della vera fede cristiana. La metamorfosi spirituale si è compiuta, a partire dalle 21, nel corso di tre ore che mi sono parse interminabili, trascorse con un'emozione incontrollabile, tradita esteriormente dai nervi a fior di pelle, per la radicalità del processo esistenziale che si stava realizzando dentro di me e in parte, lo ammetto, per il freddo che ha preso il sopravvento su di me e mi ha accompagnato sin dall'inizio della grandiosa cerimonia nell'atrio della basilica, accompagnato dalla pioggia e da una temperatura rigida.

Dentro la basilica le luci erano spente. Io mi trovavo all'esterno, insieme ad altri sei catecumeni, adulti in attesa di ricevere i sacramenti d'iniziazione cristiana, seduto nella parte del sagrato più esposta al vento. E proprio in quel freddo umido, che abitualmente mi rende un po' agitato e mi impone una maggiore concentrazione per ascoltare, riflettere, valutare ed elaborare i concetti, ho cominciato a rivivere il film della mia vita interiore. Mezzo secolo da ripercorrere a ritroso fotogramma dopo fotogramma, sezionati con il bisturi talvolta impietoso e talaltra misericordioso della religione, con la debita calma per avere l'ultimissima riconferma inconscia di una decisione già assunta consciamente e, al tempo stesso, con la fretta necessaria a ricomporre la cornice complessiva della mia esistenza in un quadro armonioso, in grado di accogliere felicemente l'immagine dell'Evento lungamente atteso e ormai sul punto di realizzarsi, rileggendo e reinterpretando il passato e ridefinendo e rivoluzionando il futuro.

Seduti davanti a me nell'atrio della basilica c'erano gli studenti dei Legionari di Cristo (uno di loro è stato rimproverato dal cerimoniere perché si era alzato per riprendere con il cellulare l'ingresso del papa), poi i vescovi e quindi i cardinali. Tutti in trepidante attesa di Benedetto XVI. «Nel nome del Padre, del Figlio e dello Spirito Santo.» Per la prima volta nella mia vita ho fatto il segno della croce nell'attesa di diventare cristiano, mentre il papa cominciava la liturgia della benedizione del fuoco: «Fratelli e figli carissimi, in questa santissima notte, nella quale Gesù Cristo nostro Signore passò dalla morte alla vita, la Chiesa diffusa su tutta la terra chiama i suoi fedeli a vegliare in preghiera. Rivivremo la Pasqua del Signore nell'ascolto della Parola e nella partecipazione ai Sacramenti; Cristo risorto riconfermerà in noi la speranza di partecipare alla sua vittoria sulla morte e di vivere con lui in Dio Padre».

Dal braciere situato in prossimità delle poltrone dei cardinali, che regalava loro un graditissimo tepore, il papa ha attinto il fuoco nuovo dopo averlo benedetto: «O Padre, che per mezzo del tuo Figlio ci hai comunicato la fiamma viva della tua gloria, benedici questo fuoco nuovo, fa che le feste pasquali accendano in noi il desiderio del cielo, e ci guidino, rinnovati nello spirito, alla festa dello splendore eterno». Poi ha inciso sul cero una croce, la prima e l'ultima lettera dell'alfabeto greco, Alfa e Omega, e le cifre dell'anno corrente: «Il Cristo ieri e oggi, Principio e Fine, Alfa e Omega. A lui appartengono il tempo e i secoli. A lui la gloria e il potere per tutti i secoli in eterno. Amen». Ha quindi infisso nel cero, in forma di croce, cinque grani di incenso: «Per mezzo delle sue sante piaghe gloriose ci protegga e ci custodisca il Cristo Signore. Amen». Infine lo ha acceso: «La luce del Cristo che risorge glorioso disperda le tenebre del cuore e dello spirito».

Dall'atrio, Benedetto XVI ha guidato la processione dirigendosi verso l'altare, dopo che il diacono, cantando per la terza volta il *Lumen Christi*, ha fatto risplendere le luci della basilica. È iniziata così la fase decisiva della mia conversione al cristianesimo, a cui ero evidentemente chiamato dalla grazia divina che mi aveva accompagnato sin dalla più tenera età, facendomi incorrere in una serie di «casi», rivelatisi tutt'altro che fortuiti, che in realtà celano la volontà del Signore che discretamente ci viene incontro pur senza farci rilevare la sua presenza.

Attraversando lentamente la navata centrale in coda al corteo, ho rievocato in un momento il fatto saliente da cui prese origine un percorso di spiritualità interiore che, a partire dall'età di quattro anni, sfocerà oltre mezzo secolo dopo nella conversione in Cristo. Era il settembre 1956. Ho ancora fisso nella mente il giorno in cui iniziò il mio lungo travaglio con un pianto fragoroso quando mia madre Safeya, aiutata e persuasa dalla famiglia presso cui lavorava, i Caccia, facoltosi imprenditori tessili italiani residenti da generazioni al Cairo, la mia città natale, mi consegnò nelle mani di suor Lavinia, che mi infilò sotto la sua veste affinché non assistessi alla partenza della mamma, affidandomi così all'educazione e all'affetto delle religiose comboniane devote a san Giuseppe. Successivamente, dalla quinta elementare fino all'ultimo anno della maturità scientifica studiai presso i salesiani dell'Istituto Don Bosco.

Per quattordici anni ho vissuto, da interno, in collegio nelle scuole gestite da religiosi italiani cattolici, dal momento che mia madre prima alloggiò nella lussuosa abitazione dei Caccia, nel rinomato Palazzo Al Laimun nel quartiere esclusivo di Zamalek, per accudire la loro figlia Cinzia e, a partire dal 1962, si trasferì in Arabia Saudita dove fece da governante alla principessina Madawi bint Abdul Aziz, nipote del re Abdallah, rimasta inferma alle gambe a causa della poliomielite contratta subito dopo la nascita. Questa particolare esperienza di convivenza con religiosi e laici cattolici mi ha permesso di conoscere bene, direttamente e correttamente, la realtà del cattolicesimo, sia sul piano dei contenuti sia su quello prettamente umano.

Ho potuto toccare con mano la realtà di donne e uomini che avevano scelto di votare la loro vita a Dio in seno alla Chiesa servendo il prossimo, indipendentemente dalla sua religione e nazionalità, e che testimoniavano la loro fede cristiana tramite opere volte alla realizzazione del bene comune e dell'interesse della collettività. Lì cominciai a leggere con interesse e partecipazione la Bibbia e i Vangeli, rimanendo particolarmente affascinato dalla figura umana e divina di Gesù. Ebbi modo di frequentare la chiesa di San Giuseppe, situata di fronte alla scuola delle suore comboniane, e quella di Don Bosco, interna all'Istituto salesiano. Di tanto in tanto assistetti alla santa messa, e una volta capitò che mi avvicinai all'altare e ricevetti la comunione. Fu un gesto che, da un punto di vista religioso, non aveva significato dal momento che non ero battezzato, ma evidentemente segnalava la mia attrazione per il cristianesimo e la mia voglia di sentirmi parte della comunità cattolica.

Nell'insieme, quell'esperienza educativa mi ha trasmesso non solo la scienza del sapere ma, soprattutto, la coscienza dei valori. È grazie ai religiosi cattolici che ho acquisito una concezione profondamente ed essenzialmente etica della vita, dove la persona creata a immagine e somiglianza di Dio è chiamata a compiere una missione che s'inserisce nel quadro di un disegno universale ed eterno, volto alla risurrezione interiore dei singoli su questa terra e dell'insieme dell'umanità nel Giorno del Giudizio; che si fonda sulla fede in Dio e sul primato dei valori, e che si basa sul senso della responsabilità individuale e sul senso del dovere nei confronti della collettività. È in virtù dell'educazione cristiana e della condivisione dell'esperienza di una concezione etica della vita che ho sempre coltivato una profonda fede nella dimensione trascendente, così come ho sempre ricercato la certezza della verità nei valori assoluti e universali.

Se oggi sono quel che sono, lo devo ai religiosi cattolici. Non hanno mai fatto opera di proselitismo né hanno mai cercato di convertirmi al cristianesimo. Tuttavia, se dopo mezzo secolo ho deciso volontariamente di aderire con tutto me stesso alla fede in Gesù, molto lo si deve alla forza di persuasione implicita e imponderabile nell'azione di chi si rivolse a me con amore e dedizione nel nome di un Dio della Carità e della Misericordia, operando in modo altruistico e disinteressato rispetto ai beni e ai vantaggi terreni, mirando esclusivamente a servire il Signore per essere degni di entrare in Paradiso nella vita eterna.

Proprio questa fede genuina e questi solidi valori avevano fatto sì che mia madre, musulmana praticante, si convincesse della bontà della scelta di iscrivermi nelle scuole religiose cattoliche italiane, non solo perché il livello d'istruzione impartito era di gran lunga superiore a quello delle scuole pubbliche e private musulmane egiziane, ma soprattutto perché condivideva lo stesso approccio etico nei confronti della vita. Una conferma l'ho avuta da una lettera inviatami da suor Pier Teresa Fusari il 4 aprile 2008 mentre ero impegnato nella stesura di questo libro, scritta proprio nel giorno di Pasqua dopo aver visto in televisione le immagini della mia conversione dalle mani del papa. Un altro di quei «casi» che ci segnalano la presenza della mano di Dio anche se non lascia la sua firma.

Carissimo Magdi,

certamente questo scritto desterà in te meraviglia; edd'io ti posso dire che finalmente ti ho trovato. Ora mi presento. Sono suor Pier Teresa, suora comboniana che ero con te a Zamalek nel periodo della tua fanciullezza con suor Lavinia (ora in cielo da diversi anni), suor Pia e suor Luisangela che sono ancora in Egitto. Io invece sono qui in Italia da diversi anni e mi trovo in periferia di Verona. Sapevo ancora da suor Luisalba che eri giornalista, però non ho mai saputo dove risiedevi, perché suor Luisalba è morta anche lei da diversi anni. Invece tue notizie le ho avute ieri a Rai1, annunciando la bella notizia della tua svolta della vita. Ho seguito tutto dalla televisione ieri notte e mi sono commossa. Sai, Magdi, mi è venuta in mente la tua mamma che ci diceva a noi suore che a lei non interessava che il suo Magdi sia in una scuola cristiana ma che crescesse un buon ragazzo. La tua mamma ti ha sempre seguito edd'ora da lassù vedrà il suo Magdi quanto bene sa fare nel suo lavoro. Sì! Magdi, le nostre mamme ci sono sempre vicine con lo spirito.

Non voglio dilungarmi, sarei tanto contenta se ti potessi incontrare (o al telefono). Mi sono fatta coraggio di scrivere qui alla sede del «Corriere della Sera» con la speranza di raggiungerti anche qui. Ti faccio tanti auguri di un inizio di vita nuova. Il Signore ti ama e ti segue con il Suo Spirito. Ti saluto con un forte abbraccio.

Con tanto affetto,

*Suor Pier Teresa*

Che emozione risentire al telefono la voce di suor Pier Teresa! Che bello constatare, tramite la limpidezza e il calore della sua voce, la serenità e la gioia di un animo sempre giovanile e appassionato a dispetto dei suoi 78 anni. Le sue parole sono state un vero e proprio dono che fa bene allo spirito. Ha voluto sapere tutto: come stavo e come mi sentivo ora da cristiano, i nomi di mia moglie e dei miei figli, il luogo di residenza e i miei progetti. Le ho promesso che l'andrò presto a trovare e non vedo l'ora di poterla riabbracciare presso le missionarie Comboniane a Novaglie, in provincia di Verona. Quella sua affermazione – «Sai, Magdi, mi è venuta in mente la tua mamma che ci diceva a noi suore che a lei non interessava che il suo Magdi sia in una scuola cristiana ma che crescesse un buon ragazzo» – dà la dimensione di un'epoca in cui la persona era comunque centrale, con i suoi valori e i suoi affetti, rispetto alla mortificazione e alla strumentalizzazione che della persona fanno le ideologie laiche o religiose.

Era un'epoca, quella degli anni Cinquanta e Sessanta, in cui in Egitto, al pari degli altri paesi situati sulla sponda meridionale e orientale del Mediterraneo impegnati nella fase della decolonizzazione e modernizzazione, vi era una separazione della sfera spirituale da quella secolare. Veniva sbandierato lo slogan coniato ai tempi dei moti nazionalisti nel XIX secolo: «La religione è di Dio e la patria è di tutti». Una realtà che il nuovo regime repubblicano, impostosi con un colpo di Stato militare il 23 luglio 1952, aveva ereditato dalla monarchia fondata nell'Ottocento da Mehmet Ali, un ufficiale albanese dell'impero turco-ottomano che si era ribellato al Sultano, gettando le basi di uno Stato moderno di stampo occidentale.

L'opzione a favore della laicità delle istituzioni si legava, da un lato, a un'identità intrinseca agli Stati nazionali sorti all'indomani della frantumazione e dissoluzione dell'ultimo impero islamico turco-ottomano e, dall'altro, all'imperativo di contrastare il movimento integralista ed estremista islamico che aveva ripreso vigore dopo la sconfitta degli eserciti arabi nella guerra da loro scatenata il 15 maggio 1948 contro il neonato Stato d'Israele, all'insegna dell'ideologia e dell'utopia del panarabismo, che predicava la fusione di tutti i 22 paesi arabi in un'unica Nazione. Di fatto, l'islam dell'epoca era solo apparentemente moderato perché aveva un corpo imbrigliato e costretto all'immobilità dalla feroce repressione dei regimi laici e nazionalisti che, dal canto loro, predicavano e perseguivano comunque un'ideologia di odio, violenza e morte. La verità è che il cosiddetto «islam moderato» si è rivelato non meno intollerante e repressivo di quello integralista ed estremista, con la differenza che si dimostra più abile nel proporsi come interlocutore al resto del mondo, utilizzando gli stessi codici della razionalità cartesiana per potersi presentare come un compromesso necessario, all'insegna della logica secondo cui si tratterebbe, piaccia o meno, del male minore.

Le priorità dell'allora presidente egiziano Gamal Abdel Nasser erano, per un verso, la strategia volta alla distruzione di Israele e, per l'altro, l'opposizione ferrea all'estremismo islamico. Nasser aveva rinchiuso in carcere o costretto all'esilio centinaia di militanti dei Fratelli Musulmani, così come non aveva esitato nel 1966 a far giustiziare tramite impiccagione l'ideologo radicale dei Fratelli Musulmani, Sayyed Qutb, apologeta del *takfir*, la condanna di apostasia di tutti coloro che non si sottomettono alla *sharia*, la legge islamica. Anche questo atteggiamento corrispondeva a quello tenuto dal precedente regime monarchico, che nel 1949 fece assassinare Hassan Al Banna, il fondatore dei Fratelli Musulmani, teorico della riesumazione della *Umma*, la Nazione islamica, tramite la Jihad, intesa come «guerra santa», parallelamente alla conquista del potere dall'interno dello Stato imponendo l'islamizzazione delle leggi e dell'insieme delle istituzioni.

La laicità che si percepiva ai tempi di Nasser nella liberalità dei costumi e nell'emancipazione delle donne si scontrava con la totale assenza di democrazia e la flagrante violazione dei diritti fondamentali dell'uomo. E, in ogni caso, Nasser si servì dell'islam e delle moschee come stampella e megafoni della propria propaganda politica, così come fece quando nel 1956 annunciò dal pulpito della moschea di Al Azhar la decisione di nazionalizzare la Compagnia del Canale di Suez, provocando l'intervento armato della Gran Bretagna e della Francia, a cui si accodò Israele. Il suo regime dittatoriale e guerrafondaio finì per trascinare l'Egitto nella catastrofe militare del 1967, nella bancarotta economica, nello sgretolamento del tessuto valoriale e identitario della società. Di tutto ciò beneficiarono i Fratelli Musulmani che, forti della protezione e dei petrodollari dell'Arabia Saudita, riuscirono ad avviare un processo di accelerata islamizzazione dell'Egitto imponendo una pesante involuzione sul piano religioso, politico, economico, sociale e culturale.

Nel momento in cui, dai pulpiti delle migliaia di nuove

moschee da loro edificate e diffuse come tentacoli del loro auspicato Stato islamico in seno allo Stato nazionale, affermarono che «L'islam è la soluzione», con il sottinteso che «L'islam sono io», che loro e solo loro incarnavano la Verità sancita dal Corano e dalla Sunna, i detti e i fatti attribuiti a Maometto, i Fratelli Musulmani hanno innescato una deleteria e irrefrenabile gara tra i sedicenti detentori e monopolizzatori del «Vero islam». È così che alla fine è esploso il terrorismo degli islamici che, pur di imporsi, non hanno avuto remore a impiegare la violenza contro gli stessi musulmani che non sono a loro immagine e somiglianza e non si sottomettono ciecamente al loro arbitrio. E io ho finito per essere la vittima prediletta, certamente la più nota, degli estremisti e dei terroristi islamici tra i musulmani laici che in Italia si sono strenuamente battuti contro i loro crimini e i loro piani di conquista delle menti e del territorio, così come mi sono sinceramente prodigato, ahimè invano, per affermare la realtà di un «islam moderato».

Attraversata la navata della basilica di San Pietro, i catecumeni, autentici protagonisti dell'evento quali testimoni della redenzione nel nome di Gesù risorto, hanno preso posto in prima fila davanti all'altare. Ero seduto affiancato, sulla sinistra, da Liz Yanet Álvarez Espinoza, peruviana, forse la più emozionata tra i catecumeni, come si era visto sin dalla mattina quando arrivò in ritardo alle prove, trafelata e ansiosa. Alla mia destra sedeva la più giovane tra noi, Orsetta Di Francesco, affiancata da Nandjou Dongmeza Fredy Intelligent, camerunense, l'unico maschio oltre a me. Le altre tre catecumene erano sedute sul lato destro della basilica: Wang Man, cinese, Francesca Rossi, italiana, Ashley Marie Porfilio, tedesca. Ciascuno di noi aveva alle sue spalle un padrino, se uomo, o una madrina, se donna.

Benedetto XVI ha officiato la lunga Veglia pasquale con letture tratte dai libri della Genesi, dell'Esodo e del profeta Ezechiele, alternate al canto di salmi responsoriali. Poi il Santo Padre ha tenuto l'omelia: «Nel Battesimo il Signore entra nella vostra vita per la porta del vostro cuore. Noi non stiamo più uno accanto all'altro o uno contro l'altro. Egli attraversa tutte queste porte. È questa la realtà del Battesimo: Egli, il Risorto, viene, viene a voi e congiunge la vita sua con quella vostra, tenendovi dentro al fuoco aperto del suo amore. Voi diventate un'unità, sì, una cosa sola con Lui, e così una cosa sola tra di voi. Le persone battezzate e credenti non sono mai veramente estranee l'una per l'altra. Possono separarci continenti, culture, strutture sociali o anche distanze storiche. Ma quando ci incontriamo, ci conosciamo in base allo stesso Signore, alla stessa fede, alla stessa speranza, allo stesso amore, che ci formano». Le parole del papa mi hanno coinvolto e avvolto come un manto protettivo: questo sentirsi parte integrante e indissolubile della comunità di fedeli in Cristo ha consolidato la mia fede e mi ha confortato sul cammino spirituale, etico e civile che va intrapreso.

Questa riflessione sulla coesione e la solidarietà tra i cristiani l'ho percepita come il conseguimento del traguardo di un processo di condivisione di valori e di fraterna amicizia iniziato, del tutto casualmente, nella primavera del 2004 con una telefonata di Renato Farina, all'epoca vicedirettore di «Libero» e amico dell'allora mio direttore al «Corriere della Sera» Stefano Folli. Mi invitò a pranzo alla trattoria L'altra isola, in via Edoardo Porro a Milano, per presentarmi alcuni responsabili di Comunione e Liberazione e formalizzare la richiesta di partecipare al Meeting dell'amicizia tra i popoli che si tiene annualmente a Rimini. Si pose subito un problema di sicurezza, avvertito dai carabinieri della mia scorta, perché la trattoria era a cento metri dalla famigerata moschea di viale Jenner e, oltretutto, era un venerdì, nel giorno e nell'orario della preghiera collettiva islamica, che abitualmente si traduce nell'occupazione del marciapiede limitrofo alla moschea da parte di decine di fedeli che non trovano spazio all'interno. Ancora oggi, quando rievochiamo quell'evento, Renato ride prendendo atto che fu un'imprudenza scegliere di incontrarci proprio lì, tenendo conto che io sono stato tra i più accesi critici dell'attività di quella moschea, la più inquisita d'Italia per il suo coinvolgimento nella rete del terrorismo islamico globalizzato.

Insieme a Renato c'erano Alberto Savorana, direttore di «Tracce», ed Emmanuele Forlani, segretario generale della Fondazione per la Sussidiarietà. Mi sono particolarmente affezionato ad Alberto, allacciando un rapporto fraterno anche con la sua famiglia, la moglie Francesca e i figli Pietro, Giacomo e Maddalena. Alberto è stata la prima persona, in seno a Comunione e Liberazione, a cui ho confidato la scelta di convertirmi. A iniziare da Renato, Alberto ed Emmanuele ho instaurato un bel rapporto di amicizia con decine di amici laici di CL, alcuni dei quali con incarichi di responsabilità, come Giancarlo Cesana, leader laico dell'organizzazione; Giorgio Vittadini, presidente della Fondazione per la Sussidiarietà; Roberto Formigoni, presidente della Regione Lombardia; Mario Mauro, vicepresidente del Parlamento europeo; Elena Guarnieri, presidente del Meeting; Antonio Mandelli, presidente della Federazione dell'impresa sociale della Compagnia delle Opere; Raffaello Vignali, ex presidente della Compagnia delle Opere; Camillo Fornasieri, direttore del Centro culturale di Milano; Guido Boldrin, direttore generale della Federazione dell'impresa sociale della Compagnia delle Opere; Elena Ugolini, preside del liceo Malpighi di Bologna, un modello di educazione alla fede e alla ragione che ha riscosso pieno successo e dove ho avuto il piacere di intrattenermi per un incontro con gli studenti il 10 novembre 2006; Dario Odifreddi, presidente della Fondazione Piazza dei Mestieri di Torino, dove ho ammirato l'impegno profuso per il recupero professionale di tanti ragazzi che hanno abbandonato gli studi; Angela Familiari, direttore generale della Compagnia delle Opere di Monza e Brianza; Marco Aluigi, responsabile dell'Ufficio convegni del Meeting; Roberto Fontolan, responsabile del Centro internazionale di CL a Roma; Stefano Bruni, sindaco di Como, che mi ha più volte accolto nella condivisione di un modello di convivenza sociale basato sull'affermazione delle certezze valoriali e identitarie cristiane e occidentali; Claudio Fantinati, assessore alla Cultura di Busto Arsizio, che insieme al sindaco Gigi Farioli ha ideato una cerimonia annuale, di cui sono l'ospite d'onore, per premiare i migliori cento studenti alla maturità dei licei cittadini, instaurando con loro un rapporto speciale; Maurizio Lupi, deputato del Popolo della Libertà, di cui apprezzo l'intelligenza, la spontaneità e il bel carattere. Con Lupi, deputato prima di Forza Italia e poi del PdL, nonostante le nostre divergenze sulla compatibilità etica dell'impegno in un partito definito dal suo leader, Silvio Berlusconi, un «regime monarchico» sul piano della gestione del potere e un «regime anarchico» sul piano delle scelte valoriali, il rapporto è diventato particolarissimo dopo che ha accettato di farmi da padrino.

Tra i religiosi di CL ho avuto modo di conoscere e di diventare amico di don Giorgio Zannoni, vicario giudiziale del Tribunale ecclesiastico diocesano di Rimini; don Stefano Alberto, meglio noto come don Pino, docente di Introduzione alla Teologia all'Università Cattolica di Milano; e don Massimo Camisasca, fondatore della Fraternità Sacerdotale dei Missionari di San Carlo Borromeo. Un'annotazione a parte merita don Ambrogio Pisoni, assistente spirituale all'Università Cattolica di Milano, con cui, oltre a condividere competenze, esperienze e passioni legate alle tematiche sulla libertà religiosa nei paesi islamici, abbiamo piacevolmente scoperto di essere praticamente «gemelli». Il 30 luglio 2005 ero stato invitato a parlare a circa 600 studenti universitari di CL riuniti all'Hotel Schloss di Pontresina, in Svizzera. Vi arrivai alla sera e, nel corso della cena del tutto informale che anima questi raduni, gli dissi: «Sono nato nel 1952». E lui: «Anch'io!». «In aprile.» «Anch'io!» «Il 22 aprile.» «Anch'io!» Ci siamo abbracciati, commossi.

Ma gli amici di Comunione e Liberazione si contano soprattutto tra i tantissimi che formano il «popolo ciellino». Ne ricordo solo alcuni, perché elencarli tutti sarebbe impossibile: Chiara Minelli, Monica Fabbri, Claudia Rocchetti, Roberto Vivarelli, Daniele Biondi, Dario Chiesa, Anna Venturini, Anna Portatadino, Chiara Cerutti, Giovanni Siboni, Anna Ardenghi, Elisa Gerevini, Gianna Babini, Nicola Orsi, Giorgio Cioni, Alfredo Marra, Tommaso Piffer. E poi ci sono gli amici giornalisti e intellettuali legati a CL: Luigi Amicone, direttore di «Tempi»; il bravo Emanuele Boffi, sempre di «Tempi»; Ubaldo Casotto, vicedirettore del «Foglio»; Davide Rondoni, poeta e editorialista dell'«Avvenire»; Giorgio Paolucci, sempre dell'«Avvenire»; Alessandro Banfi, vicedirettore esecutivo del Tg5.

Il legame fraterno con Comunione e Liberazione si è ulteriormente rafforzato con la mia partecipazione ai funerali di don Luigi Giussani, che non ho avuto occasione di conoscere di persona, svoltosi il 24 febbraio 2005 nel Duomo di Milano, con la messa officiata dall'allora cardinale Joseph Ratzinger. Considero don Giussani un maestro di spiritualità di straordinaria intelligenza e di ineguagliabile lungimiranza, avendo individuato nell'esperienza dell'incontro d'amore per il prossimo la base solida dell'autentica fede, e nell'educazione alla verità e ai valori la soluzione per il riscatto della nostra umanità in preda alla mistificazione ideologica e al materialismo consumistico. Più recentemente ho avuto occasione di incontrare il successore di don Giussani, don Julián Carrón, che mi ha accolto con grande affetto e a cui ho confidato in anticipo la mia decisione di convertirmi al cattolicesimo. Ricordo ancora la sua profonda commozione nell'ascoltare la mia scelta di fede in Gesù. Una volta avuta la certezza che sarebbe stato il papa a impartirmi i sacramenti cristiani, il giorno prima lo comunicai a don Carrón tramite l'amico Savorana, e lui, lasciandomi piacevolmente sorpreso per la capacità della Provvidenza di unire gli animi dei fedeli, mi fece sapere che quel giorno aveva pregato per me.

Proprio in seno al Meeting di CL a Rimini, il 21 agosto

2007, annunciai ufficialmente la mia decisione di convertirmi, che avevo già anticipato, in un nostro precedente incontro a Roma, a monsignor Rino Fisichella, vescovo ausiliare
di Roma, rettore della Pontificia Università Lateranense e
cappellano della Camera dei deputati. Avvenne subito dopo un convegno su Oriana Fallaci, moderato da Renato Farina e con la partecipazione di Vittorio Feltri, direttore di
«Libero». Avevo apprezzato il pensiero di monsignor Fisichella leggendo i suoi libri, le sue interviste, e ascoltandolo
una volta in televisione. Condivido la sua visione generale
della crisi dei valori e della perdita dell'identità dell'Occidente per aver rinnegato le radici cristiane, nonché la sua
idea della necessità di un riscatto etico che faccia perno sulla fede in Dio e che abbia nella Chiesa un riferimento di certezza. Mi conforta assai la vicinanza del suo pensiero alle
posizioni pubbliche e personali del Santo Padre sulle grandi questioni che concernono le cause e i rimedi ai mali di
fondo dell'epoca contemporanea.

Mi aveva colpito il fatto che Oriana, lo spirito più libero
e ribelle del giornalismo italiano e scrittrice di successo
sulla scena internazionale, che ho avuto la fortuna di conoscere e con la quale ho instaurato una sincera amicizia
durata troppo poco per la spigolosità e imprevedibilità
del suo carattere, avesse individuato proprio in monsignor Fisichella il suo referente e confidente spirituale. E fu
grazie alla mediazione di monsignor Fisichella che Oriana
venne ricevuta in udienza privata da Benedetto XVI a Castel Gandolfo il 27 agosto 2005, circa un anno prima della
sua morte avvenuta a Firenze il 15 settembre 2006. Monsignor Fisichella le fu accanto fino al suo ultimo sospiro,
raccogliendone le confessioni spirituali sul tormentato
rapporto con Dio: lei, che pure si professava atea, era orgogliosa e difendeva strenuamente le radici cristiane del-
l'identità e della civiltà occidentale. Soltanto lui fu in grado di cogliere nell'intenso travaglio interiore di Oriana la
sua sete e, in qualche modo, la sua fede in Dio.

Avevo chiesto a monsignor Fisichella di poterlo vedere

separatamente, e lui acconsentì subito. L'organizzazione del Meeting ci mise a disposizione la saletta riservata agli incontri delle autorità, una rara isola di tranquillità nel brulichio incessante della frenetica vitalità di decine di migliaia di ciellini e di ospiti che, per una settimana, segnalano in pratica la ripresa della vita civile e politica italiana dopo la pausa estiva. Ero profondamente emozionato nel confermare a un esponente di rilievo della Chiesa, da me individuato come referente spirituale, la decisione di convertirmi. Prima gli illustrai il percorso di vita che mi consentì sin da bambino di conoscere e apprezzare la realtà del cattolicesimo, restando affascinato dalla figura umana e divina di Gesù. Poi gli spiegai come la mia condizione di condannato a morte dagli estremisti e dai terroristi islamici mi ha obbligato a riflettere sulla natura intrinseca dell'islam quale religione che, di fatto, finisce per legittimare la violenza. Aggiunsi che, in parallelo, l'esperienza personale con diversi cattolici con cui ho condiviso la scelta di valori e l'impegno a perseguire una comune civiltà dell'uomo mi ha definitivamente convinto della bontà del cristianesimo. Gli confessai che sul mio comodino tenevo i Vangeli e il *Gesù di Nazaret* di Benedetto XVI, trovando conforto nella lettura della vita di Gesù. «Ho deciso di convertirmi al cristianesimo. Credo nella fede in Gesù. Credo nel primato della Chiesa cattolica» conclusi, mentre lui ascoltava con grande trepidazione. Ma non si era limitato a seguire con estrema attenzione il filo del mio discorso: man mano che il mio racconto procedeva aveva elaborato dentro di sé tutto il percorso che poi si è effettivamente concluso con il mio battesimo dalle mani del papa a San Pietro durante la Veglia pasquale. Presi così atto che monsignor Fisichella, oltre a essere un grande uomo di fede, è anche un grande uomo *tout court*, per la sua intelligenza che afferra al volo il nocciolo della questione e per il suo pragmatismo che individua concretamente la migliore tra le soluzioni possibili.

Al termine della mia lunga esposizione, monsignor Fisichella mi illustrò la sua valutazione e mi chiarì quello che sarebbe stato un suo auspicio per coronare nel migliore dei modi possibili la mia scelta di fede in Gesù. Mi parlò di sant'Agostino che, nelle *Confessioni* (VIII,II 4-5), racconta della conversione di Mario Vittorino che lui stesso volle avvenisse pubblicamente e di come essa ebbe una grande eco e fu un'esemplare testimonianza di fede cristiana nella Roma pagana. Sant'Agostino narra che Simpliciano (morto nel maggio 400 e festeggiato come santo il 16 agosto), arcivescovo di Milano, consigliere di sant'Ambrogio, aveva raccolto le confidenze di Vittorino, che da pagano esercitò la professione di retore e contribuì con le sue traduzioni in latino delle opere di Plotino e di Porfirio alla diffusione delle dottrine originarie del neoplatonismo.

Ecco i passaggi significativi, tratti dalle *Confessioni*, della conversione di Vittorino attraverso il dialogo intercorso tra lui e Simpliciano:

Diceva a Simpliciano, non in pubblico, ma in gran segreto e confidenzialmente: «Devi sapere che sono ormai cristiano». L'altro replicava: «Non lo crederò né ti considererò nel numero dei cristiani finché non ti avrò visto nella chiesa di Cristo». Egli chiedeva sorridendo: «Son dunque i muri a fare i cristiani?». E lo affermava sovente, di essere ormai cristiano, e Simpliciano replicava sempre a quel modo, ed egli sempre ripeteva quel suo motto sui muri della chiesa. In realtà si peritava di spiacere ai suoi amici, superbi adoratori del demonio, temendo che dall'alto della loro babilonica maestà e da quei cedri, direi, del Libano, che il Signore non aveva ancora stritolato, pesanti si sarebbero abbattute su di lui le ostilità. Ma poi dalle avide letture attinse una ferma risoluzione; temette di essere rinnegato da Cristo davanti agli angeli santi, se avesse temuto di riconoscerlo davanti agli uomini, e si sentì reo di un grave delitto ad arrossire dei sacri misteri del tuo umile Verbo, quando non arrossiva dei sacrilegi di demoni superbi, da lui superbamente accettati e imitati. Perso il rispetto verso il suo errore, e preso da rossore verso la verità, all'improvviso e di sorpresa, come narrava Simpliciano, disse all'amico: «Andiamo in chiesa, voglio diventare cristiano». Simpliciano, che non capiva più in sé per la gioia, ve lo accompagnò senz'altro. Là ricevette i primi rudimenti dei sacri misteri; non molto dopo diede anche il suo nome per ottenere la rigenerazione del battesimo, tra lo stupore di Roma e il gaudio della

Chiesa. Se i superbi si irritavano a quella vista, digrignavano i denti e si maceravano, il tuo servo aveva il Signore Dio sua speranza e non volgeva lo sguardo alle vanità e ai fallaci furori.

Infine venne il momento della professione di fede. A Roma chi si accosta alla tua grazia recita da un luogo elevato, al cospetto della massa dei fedeli una formula fissa imparata a memoria. Però i preti, narrava l'amico, proposero a Vittorino di emettere la sua professione in forma privata, licenza che si usava accordare a chi faceva pensare che si sarebbe emozionato per la vergogna. Ma Vittorino amò meglio di professare la sua salvezza al cospetto della santa moltitudine. Da retore non insegnava la salvezza, eppure aveva professato la retorica pubblicamente; dunque tanto meno doveva vergognarsi delle turbe insane. Così, quando salì a recitare la formula, tutti gli astanti scandirono fragorosamente in segno di approvazione il suo nome, facendo eco gli uni agli altri, secondo che lo conoscevano. Ma chi era là, che non lo conosceva? Risuonò dunque di bocca in bocca nella letizia generale un grido contenuto: «Vittorino, Vittorino!»; e come subito gridarono festosi al vederlo, così tosto tacquero sospesi per udirlo. Egli recitò la sua professione della vera fede con sicurezza straordinaria. Tutti avrebbero voluto portarselo via dentro al proprio cuore, e ognuno invero se lo portò via con le mani rapaci dell'amore e del gaudio.

Nell'evidenziare l'esultanza dei cristiani al passaggio del retore neoconvertito, invocando il suo nome «Vittorino, Vittorino!», monsignor Fisichella aveva già elaborato l'ipotesi che la mia conversione, al pari di quella di tutti i catecumeni, potesse avvenire nella Veglia pasquale del 2008 e che, dal momento che sarebbe stato lui a seguire il mio percorso catecumenale a Roma e dato che il papa è il vescovo di Roma, si sarebbe potuto accertare la disponibilità del Santo Padre a impartirmi i sacramenti d'iniziazione cristiana. E mentre io sostenevo che la mia conversione sarebbe stata d'aiuto alle migliaia di musulmani convertiti al cristianesimo in Italia, che sono costretti a vivere segretamente la loro nuova fede per paura di essere uccisi in quanto apostati, monsignor Fisichella sottolineò che la mia conversione sarebbe stata una straordinaria testimonianza soprattutto per tanti cristiani che hanno smarrito la loro fede o che limitano il loro rapporto con la religione all'espletazione dell'atto formale del culto. Mi disse che si sarebbe messo subito in moto per definire il mio percorso di iniziazione cristiana. A interrompere la nostra conversazione, che si protraeva da circa un'ora, arrivò con il fare scherzoso che lo contraddistingue Maurizio Lupi. Dopo uno scambio di battute amichevoli con monsignor Fisichella, lasciammo la saletta. Il destino volle che proprio Lupi fu prescelto come padrino per il mio battesimo.

Al fianco di monsignor Fisichella c'era un religioso mite, colto, preparato e sempre disponibile ad aiutare il prossimo, don Carlo Gandolfo, che ha svolto nella più assoluta discrezione e umiltà un ruolo prezioso per favorire il felice esito della mia conversione, trasmettendomi una testimonianza di sincera fede cristiana

Parallelamente la Provvidenza mi ha fatto incontrare dei cattolici praticanti di buona volontà che, in virtù della loro testimonianza e della loro amicizia, sono diventati man mano un punto di riferimento sul piano della certezza della fede e della solidità dei valori. Tra loro un posto particolare nella mia anima e nel mio cuore è stato conquistato da suor Maria Gloria Riva, nata a Monza nel 1959, che dalle passioni e dai fumi del post Sessantotto ha maturato la scelta di donare se stessa alla vita contemplativa in seno all'ordine delle Adoratrici Perpetue del Santissimo Sacramento nella clausura del monastero di Monza. Una decisione presa dopo un incidente stradale occorsole in gioventù da cui si salvò miracolosamente:

> Mi ha fermato Dio. Si comportò come un grande regista preparando ogni scena con arte. Un sabato sera ero in macchina con il mio ragazzo, guidava lui. All'improvviso un'altra macchina impazzita ci ha falciato il cammino. Nascosi la mia voglia di silenzio voltando il viso verso il finestrino. Mi accecò un bagliore di fari, uno schianto tremendo mi ferì. Poi nulla. Venne la morte leggera come una libellula ad avvolgermi con il suo nero manto. Spalancai gli occhi nel buio e la mia preghiera si alzò. La luce era là, in fondo a quella grande notte. Come piccola stella bianchissima palpitava venendomi incontro: «Ti ho amato di Amore Eterno, per questo ti conservo ancora la vita. Ti riedificherò e Tu sarai la mia Dimora».

Le sue parole fiorirono in me lasciando per sempre la loro impronta. Spalancai gli occhi di nuovo. Con la luce biancastra del neon e l'acre odore di disinfettante mi attendeva un mare di dolore. Avrei voluto tornare laggiù dalla mia luce, ma non potevo. Il suo solo ricordo fu un balsamo: «Ho visto Dio e sono rimasta in vita...». Una grande gioia entrò in me! La mia vita è cambiata. Non mi guidava più l'ideologia, ma l'esperienza di Dio che esiste. L'esperienza della stessa luce balenata per me sulla strada della morte l'ho ritrovata intatta nell'Eucaristia. Cristo vive oggi nell'Eucaristia. Cristo non si è accontentato di farsi carne, si è fatto cosa, si è fatto pane. Non ha voluto semplicemente essere con noi tutti i giorni, ha voluto essere in noi, realizzare un'unità con la nostra umanità tra le più grandi, più grande dell'unione sessuale, ha voluto essere nostro cibo. Da qui ho compreso di essere chiamata a un Amore più grande. Dovevo rinunciare a un uomo, a una famiglia per abbracciare l'intera umanità, non come massa informe ma come un'infinita gamma di Tu da incontrare nella loro verità. Solo dalla contemplazione del volto di Cristo nascosto e misterioso, come lo è nell'Eucaristia, nasce la missione.

Ho conosciuto suor Gloria grazie a don Gabriele Mangiarotti, curatore del sito www.culturacattolica.it, stretto collaboratore di monsignor Luigi Negri, entrambi di Comunione e Liberazione, con cui ho subito fraternizzato per la grande sintonia sul piano dei valori spirituali e degli ideali terreni. Monsignor Negri, di cui apprezzo e condivido la schiettezza e la fermezza dei giudizi sui temi etici e politici a difesa delle radici cristiane dell'identità occidentale, ha battezzato mio figlio Davide il 6 gennaio 2008 nella chiesetta di San Leo a Carpegna, in una cerimonia officiata insieme al parroco Domenico Pompei, mentre don Gabriele e Claudia Rocchetti hanno fatto rispettivamente da padrino e madrina. Io e la mamma, Valentina, abbiamo assistito trepidanti di gioia. Suor Gloria e le sue consorelle, suor Maria Karola Zuntini, Teodora Giacobbe, Marina Imbesi, Adrienn Csoke, hanno pregato e cantato. Insieme costituiscono una neonata comunità religiosa che è riuscita a conquistare l'affetto e la stima della popolazione e, per quanto mi concerne, hanno un posto speciale nel mio cuore e nella mia spiritualità. L'iniziativa è stata di suor Gloria che, illuminata dalla grazia di Dio e fedele fino in fondo alla propria missione cristiana, sta fondando a Carpegna una nuova «Comunità monastica dell'adorazione perpetua del Santissimo Sacramento», coniugando la preghiera e la meditazione spirituale propria della vita monastica con la condivisione insieme ai fedeli che si sentono partecipi della vita in Cristo della riflessione sulla presenza divina nella contemplazione della bellezza.

Davide, che aveva sei mesi e mezzo, ha pianto e si è disperato per tutta la durata della cerimonia. Aveva sofferto assai l'auto durante il tragitto di oltre tre ore, pieno di curve e di salite e discese e, una volta giunti a Carpegna, siamo dovuti andare subito in chiesa mentre avrebbe avuto bisogno di un bel riposo. Poverino! Urlava soprattutto quando il canto raggiungeva le tonalità più alte, proprio lui che, quando è in forma, è in grado di emettere suoni che fanno tremare le pareti! Comunque è andata bene: monsignor Negri ha proseguito imperturbabile nel rito religioso fino alla fine e Davide è entrato a far parte della comunità dei cristiani battezzati.

Don Gabriele venne a trovarmi in albergo a Milano il 15 novembre 2006, nello stesso giorno in cui al Centro culturale di Comunione e Liberazione tenni un incontro dal titolo «La sfida della diversità: educazione e identità alla prova» al quale parteciparono circa 400 persone, accorse nella sala in via Sant'Antonio. Nel frattempo il mio rapporto con CL diventava sempre più intenso. Il 16 gennaio 2006 partecipai alla presentazione del libro *Il rischio educativo* di don Giussani, insieme a Ferruccio de Bortoli, direttore del «Sole-24 Ore», e Giancarlo Cesana, al Teatro Nazionale strapieno, con oltre 800 persone dentro e altre centinaia fuori che non erano riuscite a entrare. Nel corso dell'edizione del Meeting del 2006 a Rimini si riempirono le sale da 4000 posti in entrambe le manifestazioni a cui partecipai: la presentazione del mio libro *Io amo l'Italia. Ma gli italiani la amano?* (Mondadori), insieme ad Alberto Savorana, e il dibattito dal titolo «Educazione e libertà», insieme a Oded Ben Hur, all'epoca ambasciatore di Israele presso la Santa Sede, John Waters, editorialista di «The Irish Times», e Mario Mauro.

Don Gabriele, con grande pacatezza e in considerazione dei miei numerosi impegni, mi chiese con largo anticipo di curare la prefazione di un libro che suor Gloria stava scrivendo insieme a Fabio Cavallari, operaio e giovane giornalista, non credente e con trascorsi comunisti, persona di rara sensibilità umana e di grande capacità comunicativa. La sua testimonianza raccolta nel volume dal titolo *Volti e stupore. Uomini feriti dalla bellezza* (Edizioni San Paolo), uscito nel luglio 2007, è la prova di come la fede nei comuni valori umani possa rigenerare le persone elevandole a una dimensione spirituale misteriosa nella sua natura e miracolosa nella sua genesi. Con la discrezione dell'autentico missionario che testimonia la fede tramite le opere e attende silenziosamente che sia la Provvidenza a far maturare il dono della conversione nell'animo altrui, don Gabriele mi ha donato la sua ricca spiritualità e mi ha offerto la sua generosa solidarietà umana. Un giorno mi portò un bigliettino di suor Gloria in cui, quasi ad attestare un comune destino, lei evidenziava come noi due avessimo lo stesso nome, dal momento che Magdi in arabo significa «la mia gloria», un attributo esaltante Dio, così come lo sono gran parte dei nomi arabi.

Quando finalmente il 21 gennaio 2007 don Gabriele e suor Gloria vennero a trovarmi a casa, ci siamo subito stretti in un abbraccio che è stato un patto di fraternità eterna. Sono stato sinceramente catturato dalla straordinaria testimonianza di vita che si incarna in suor Gloria. Sin dal primo attimo in cui ci siamo visti l'ho percepita come una versione umanissima, modestissima e tutt'altro che blasfema dello Spirito che sceglie di farsi carne, dopo essere stata carne che anela allo Spirito, per aiutare ciascuno di noi a riscoprire dentro di sé la ragione e la fede dello Spirito che convive, talvolta si occulta e spesso si perde nella carne. Sin dal nostro primo abbraccio, l'abbraccio autentico e assoluto di chi si concede totalmente all'altro come fratello nella carne e testimone della volontà divina nello Spirito, ho sentito forte dentro di me il sentimento di amore genuino per il prossimo e di speranza per la possibilità di redenzione. Suor Gloria è stata illuminata dal messaggio di Dio che si è fatto Uomo, ha individuato nelle ragioni dello Spirito che convive ed esalta la carne la sua scelta di vita, ed è a tal punto attratta dal vissuto umano nella sua integralità da trasformare tutta se stessa in un umile e straordinario strumento di Dio per diffondere la luce della Fede e la certezza della Verità a coloro che non vedono e non credono, ma celano dentro di sé un seppur esile sentimento di speranza. Un sentimento che suor Gloria è in grado di intercettare con la forza di una calamita dello Spirito che attrae le particelle di un'anima spezzata e persa in un corpo sconfitto e ripiegato su se stesso. E che lei, immedesimandosi totalmente in quella corporeità, comunicando con il linguaggio spontaneo e universale dell'affetto, della carezza, dell'abbraccio, del sorriso, dell'ascolto, dell'assoluta disponibilità e del dono di se stessa, riesce a risollevare dal fondo del fossato di un'esistenza disperata e disprezzata, e a salvare nella valle di luce e di vita dove il corpo e l'anima si riconciliano, dove lo sguardo può tendere con gioia e certezza al trascendente che ci conforta e rassicura facendoci scoprire il senso certo di ogni nostro singolo atto e dell'insieme del nostro essere.

Quando don Gabriele e suor Gloria tornarono a trovarmi il 4 settembre 2007, furono i primi a cui confidai la mia decisione di convertirmi dopo averne parlato con monsignor Fisichella. Sotto il gazebo del giardino il volto di suor Gloria si illuminò di una luce che risplende solo negli eventi straordinari, mentre don Gabriele sorrise con la gioia di chi ringrazia Dio per la sua bontà infinita. Quando chiarii che intendevo rendere pubblica la mia conversione, suor Gloria mi strinse forte con le lacrime agli occhi, affranta dalla preoccupazione per il rischio a cui mi esponevo, dato che sarei stato additato come «apostata», tanto più in quanto ero già stato condannato a morte dagli estremisti islamici. Ma io ero risoluto: «Mai e poi mai accetterei di nascondere la mia conversione al cristianesimo. Mi sono sempre impegnato per affermare la verità e mi sono sempre battuto per difendere chi afferma la verità. Come potrei mai vivere nella menzogna celando la scelta di fede che rappresenta il fulcro dell'insieme della dimensione spirituale, etica e ideale? Tutti noi dobbiamo morire nell'attimo prestabilito da Dio. Non dobbiamo avere paura della morte. Quando arriva, non potremo fare nulla per impedirla. Ma io intendo morire una volta sola e non voglio invece morire tutti i giorni sottomettendomi alla paura dei terroristi». A quel punto credo che suor Gloria e don Gabriele si siano convinti e il patto di fratellanza tra noi si consolidò ancor di più.

Un altro religioso, anch'egli di Comunione e Liberazione, che ha contribuito a rafforzare in me la fede cattolica è don Carlo Maurizi, impegnato in un'eccezionale missione cristiana per preservare dall'abbandono da parte dei fedeli e dall'incuria del tempo l'abbazia di San Salvatore e San Lorenzo a Badia di Settimo, alle porte di Firenze. Quando, nel tardo pomeriggio del 23 novembre 2006, presentai all'interno dell'abbazia il mio libro *Io amo l'Italia*, don Carlo mi gelò il sangue presentandomi al centinaio di fedeli convenuti come «un profeta del nostro tempo». Ugualmente sono rimasto colpito dalla solida fede con cui monsignor Gino Romanazzi, della parrocchia di Santa Rita a Taranto, anch'egli di CL, è riuscito a creare un cuore pulsante di spiritualità e di umanità in un quartiere periferico che ha avuto problemi di degrado sociale.

Tuttavia, il religioso che più mi ha affascinato per la straordinarietà del suo dono di fede e della sua capacità di suscitare nelle masse l'entusiasmo per il messaggio cristiano è monsignor Giancarlo Vecerrica, vescovo di Fabriano-Matelica, animatore del pellegrinaggio mariano Macerata-Loreto, che mi ha offerto la rara opportunità di rivolgere un invito, da musulmano, ai cristiani alla valorizzazione del culto di Maria Vergine, figura sacra venerata anche nell'islam. Ed è proprio al termine della santa messa officiata dal cardinale Tarcisio Bertone, segretario di Stato Vaticano, nello stadio Helvia Recina di Macerata il 2 giugno 2007, che l'alto prelato mi ha fatto l'onore di riservarmi un abbraccio davanti alle migliaia di persone presenti, a testimonianza della fratellanza che ci unisce. Avevo avuto il piacere di incontrare il cardinale Bertone a Vercelli qualche giorno prima, il 26 maggio, in occasione della cerimonia in cui gli venne conferita la cittadinanza onoraria, su iniziativa dell'assessore alla Cultura Piergiorgio Fossale, un medico cattolico di grande fede e con una profonda dedizione umana.

Una menzione particolare merita padre Yoannis Lahzi Gaid, egiziano, per anni viceparroco della chiesa di Santa Domitilla a Latina e attualmente segretario della nunziatura apostolica nel Congo-Brazzaville. L'ho conosciuto a Roma dopo che per anni mi aveva espresso la sua amicizia e la sua solidarietà. Da profondo conoscitore della realtà dell'islam così come è effettivamente nella mente e nei cuori della maggioranza dei musulmani, e non come lo vorrebbero spacciare taluni mistificatori e dissimulatori che si fanno beffe dell'ignoranza, dell'ingenuità, del buonismo e della collusione ideologica dell'Occidente, padre Yoannis condivide pienamente le mie posizioni sull'islam e mi è stato fraternamente e cristianamente vicino nei momenti in cui la bufera mediatica, orchestrata in modo strumentale all'indomani della mia conversione per screditarmi e diffamarmi, aveva toccato l'apice. In un'intervista concessa al quotidiano «La Provincia» (edizione di Latina) del 31 marzo 2008 a firma di Remigio Russo, padre Yoannis afferma con sincerità: «Ho cercato di essere sempre l'amico che rispetta la religione diversa dell'altro senza avere paura di dire la verità o di sottolineare che il cristianesimo è una chiamata alla libertà. E quando Magdi mi chiedeva dei copti in Egitto, non nascondevo le immense difficoltà che vivono i cristiani in luoghi dove la maggioranza è musulmana. Una difficoltà che non arriva da alcuni integralisti, ma da una cultura di morte e di violenza basata su frasi ben chiare che citano e chiamano alla violenza e alla Jihad, cioè uccidere tutti i diversi, uccidere la libertà della coscienza. Basta pensare diversamente per essere condannato a morte».

Ed è a Latina che il 24 febbraio 2007 ho ravvivato la mia sincera amicizia con i salesiani incontrando il Rettor Maggiore don Pascual Chávez Villanueva, nel corso di un dibattito pubblico sull'educazione dei giovani e l'integrazione degli immigrati. Con monsignor Chávez è scoccata subito una grande simpatia umana e sintonia spirituale, consolidata nel corso della cena e confermata dalla sua decisione di rendermi partecipe di nuove iniziative dei salesiani a livello mondiale. A rendere possibile questo straordinario incontro è stato un sacerdote altrettanto straordinario, don Maurizio Verlezza, parroco della cattedrale di San Marco a Latina, che ha dedicato la propria vita a educare e amare i giovani affinché possano avvicinarsi sempre più a Dio. A presentarmi a don Maurizio è stata Edda Rossi D'Onofrio, un'insegnante in pensione totalmente votata alla promozione del messaggio religioso cristiano, sostenuta dal marito Agostino che per lunghi anni, quale primario del reparto di Pediatria dell'ospedale di Latina, si è speso per favorire la nascita di migliaia di bambini. I loro figli Maria Laura e Vincenzo sono cresciuti con una forte passione per l'impegno etico e civile. Successivamente don Maurizio è venuto a trovarmi a casa in compagnia di don Alessandro Mambrini, direttore del Centro di formazione professionale «T. Gerini» e del Centro nazionale opere salesiane - Formazione aggiornamento professionale. Anche con don Alessandro si è subito creata una solida intesa umana e ideale.

Ugualmente considero molto bello il rapporto instaurato con don Angelo Tengattini, direttore dell'Istituto salesiano Sant'Ambrogio di Milano, dove ho tenuto una conferenza il 23 gennaio 2008 presso la «Scuola genitori», un ciclo formativo a cui partecipano centinaia di genitori degli studenti salesiani. Nella medesima sede don Angelo mi aveva accolto, il 9 ottobre 2006, per presentare il mio libro *Io amo l'Italia* insieme al presidente di Mediaset, Fedele Confalonieri, anche lui ex allievo salesiano e diplomato, come Silvio Berlusconi, proprio nel Don Bosco in via Melchiorre Gioia. Don Angelo mi ha fatto un regalo immenso perché l'incontro mi ha permesso di radunare diversi dei miei ex compagni della scuola salesiana del Cairo, alcuni residenti in Italia, altri arrivati appositamente dall'Egitto o da altri paesi. Per tutti noi è stata una giornata commovente. A Genova ho avuto modo di conoscere nel 2006 il direttore del Don Bosco locale, don Alberto Rinaldini, che si è rivelato persona di straordinaria umanità.

A Trento, per due anni consecutivi, ho incontrato un migliaio di ragazzi presso il Collegio arcivescovile, su richiesta del rettore, monsignor Umberto Giacometti, che mi è stato sempre vicino e mi ha sostenuto nei momenti difficili. Così come è stato uno dei primi a telefonarmi per congratularsi della mia conversione. Anche se non abbiamo avuto tante occasioni di incontro, don Nicola Bux, consultore della Congregazione per la Dottrina della Fede e teologo vicino a Benedetto XVI, ha certamente svolto un ruolo nell'ispirare la mia fede cristiana. Il 12 ottobre 2007 ha organizzato la presentazione del mio libro *Viva Israele* all'auditorium della parrocchia Regina Pacis di Molfetta, in provincia di Bari, a cui ha personalmente partecipato sedendo insieme alle circa 500 persone che hanno seguito l'evento.

Una altrettanto profonda traccia di fede e di dedizione cristiana ha lasciato in me don Patrizio Benvenuti, responsabile della Fondazione Kepha-onlus, attiva nel campo umanitario, culturale, dell'educazione e della promozione umana e sociale, che il 26 ottobre 2005 all'Auditorium di via della Conciliazione a Roma organizzò un concerto dedicato alla memoria di papa Giovanni Paolo II dal titolo

«Sinite Parvulos», nel corso del quale mi fu assegnato il Premio per il giornalismo internazionale.

Ci sono due frati dell'ospedale San Pietro - Fatebenefratelli di Roma, il priore fra Michele Montemurri e il responsabile amministrativo fra Gerardo D'Auria, che hanno legato in modo indissolubile le loro vite alla mia per essere stati al fianco di mia moglie Valentina mentre dava alla luce il nostro Davide, nato il 20 giugno 2007, con un amore e una dedizione che solo la profonda fede religiosa può ispirare. Da allora abbiamo continuato a operare insieme per il bene dei tanti che nel mondo soffrono a causa delle malattie.

Il cardinale Camillo Ruini, vicario generale del papa per la diocesi di Roma e presidente della Conferenza episcopale italiana dal 1991 al 2007, ha avuto un ruolo cruciale nel percorso della mia conversione, sia per il fascino che da anni ha esercitato in me il suo pensiero, sia per il sostegno da lui offerto all'iniziativa promossa da monsignor Fisichella. È stato il primo tra gli alti prelati presenti alla cerimonia liturgica della Veglia pasquale a venirmi incontro e congratularsi con me per aver abbracciato la fede in Cristo. La mia ammirazione per il cardinale Ruini è stata immensa quando nel 2005, in occasione dei referendum abrogativi della legge 40 sulla fecondazione medicalmente assistita e la ricerca scientifica sulle cellule staminali, è stato di fatto il principale artefice della sonora sconfitta dell'amplissimo fronte laicista a cui avevano aderito gran parte dei giornali e delle televisioni nazionali, nonché delle forze politiche, di sinistra e di destra, assumendo una netta posizione contraria e invitando i cattolici a disertare le urne per far sì che non venisse raggiunto il quorum del 50 per cento. Mi hanno colpito la sua chiarezza e il suo coraggio quando il 18 settembre 2006 ha denunciato, nella prolusione al Consiglio permanente della Cei, i rischi per l'Italia della «deriva etica, del laicismo e del soggettivismo» e, al tempo stesso, «la costante insidia di una secolarizzazione interna» che subisce la Chiesa. Nei miei com-

menti sul «Corriere della Sera» ho espresso il mio apprezzamento per l'appello del cardinale Ruini alla «prudenza»
e «fermezza» nei confronti dei matrimoni tra cattolici e
musulmani, la sua adesione alla manifestazione «Salviamo
i cristiani» da me promossa e svoltasi a Roma il 4 luglio
2007, la sua iniziativa di una mobilitazione in piazza San
Pietro il 20 gennaio 2008 per manifestare la solidarietà di
laici e credenti a Benedetto XVI, costretto a rinunciare alla
visita all'Università La Sapienza di Roma.

Ci sono poi sacerdoti del tutto speciali, con i quali mi
sono sentito in fraterna sintonia sul piano etico e ideale, in
un'implicita condivisione della fede cattolica anche senza
esserci mai incontrati. È il caso di padre Livio Fanzaga, direttore di Radio Maria, che si definisce «in primo luogo
un pastore di anime» e considera che la sua emittente abbia «come scopo primario l'annuncio della conversione,
mediante la preghiera e l'evangelizzazione, e, in ultima
istanza, la salvezza eterna delle anime». Non ho ancora
conosciuto di persona padre Livio e confesso di aver a-
scoltato raramente Radio Maria, così come raramente ormai da tanti anni ascolto la radio in generale. Ma mi sento
molto vicino a lui e so che lui contraccambia questo sentimento di vicinanza, perché mi è stato riferito da parecchie
persone che spesso legge integralmente i miei articoli sul
«Corriere della Sera», considerandoli in sintonia con la
missione evangelizzatrice in cui crede e in cui è massima-
mente impegnato.

Un fascino particolare ho recentemente nutrito per il
cardinale emerito di Bologna Giacomo Biffi, che criticai
nel 2000 per aver avuto il coraggio di suggerire che, nella
scelta degli immigrati, l'Italia dovesse prediligere quelli
di fede cristiana e con i valori compatibili, considerando
incompatibile la fede islamica e quanti, tra i musulmani,
si proponevano di islamizzare la società italiana. All'epoca, almeno sul piano dell'esposizione mediatica, il cardinale Biffi era valorosamente solo e si accollò sulle sue
spalle la bufera di condanne e di minacce quale razzista,

islamofobo e apologeta dello scontro di religioni. Quanto era stato profetico! Recentemente don Mangiarotti mi ha inviato il testo di un intervento del cardinale Biffi sulla conversione di sant'Agostino che l'ha colpito per la similitudine sia tra sant'Agostino e me, sia tra la Chiesa di sant'Ambrogio e la Chiesa di Benedetto XVI.

Nel 1987 cadde il XVI centenario della conversione di sant'Agostino, uno degli eventi più decisivi e gravidi di implicazioni, tanto per la vita della Chiesa, quanto per la storia del pensiero filosofico e teologico, e perfino per la stessa formazione culturale e sociale della nuova Europa, che nasce dopo la fine dell'impero romano.

La ricorrenza fu felicemente avvalorata anche dalla celebrazione di un Congresso, promosso e animato dall'illuminata intraprendenza del principe Carlo Castelbarco Albani, sindaco di Casciago. Toccò a me l'onore di proporne una prolusione, che tenni nell'elegante sede di Villa Ponti a Varese il 1° ottobre di quell'anno, sul tema: Conversione di Agostino e vita di una Chiesa. La riferisco rapidamente nei suoi contenuti.

Agostino ha sempre attribuito il suo radicale mutamento, oltre che alla grazia divina, al suo soggiorno milanese e al provvidenziale incontro col vescovo Ambrogio: «Da te» così si rivolge al Padre del cielo «a lui ero condotto ignaro, perché da lui fossi condotto consapevole a te» (*Conf.* V,XIII 23: «Ad eum ducebar abs te nesciens, ut per eum ad te sciens ducerer»).

Tutto si svolse in meno di tre anni: dalla fine dell'estate del 384, quando egli arriva a Milano con l'incarico di professore di lettere conferitogli dal prefetto dell'Urbe Simmaco, alla Pasqua del 387, col battesimo ricevuto nella notte tra il 24 e il 25 aprile, nel battistero ottagonale recentemente edificato. Appunto su questi tre anni ho condotto la mia indagine nell'intento di appurare con esattezza quale sia stata realmente la parte avuta nell'episodio da quell'illustre e autorevole uomo di Dio. Secondo i risultati della mia ricerca parrebbe di dover concludere che l'apporto personale di Ambrogio alla conversione di Agostino, contrariamente alla persuasione tradizionale, sia stato secondario e di scarso rilievo.

Quegli anni furono tra i più intensi e pastoralmente più densi dell'episcopato di Ambrogio, che perciò non aveva molto tempo da dedicare a quel retore africano e ai suoi inestricabili grovigli interiori. E forse non aveva neppure molta voglia di occuparsi di un intellettuale dalla problematica sottile e dalla condotta biasimevole, che non si decideva a rimettersi moralmente in sesto.

Era in effetti abbastanza evasivo con lui, e quando per le vie di

Milano gli capitava di incontrare l'illustre professore, tirava il discorso su quella donna ammirevole che era Monica, la madre che nel frattempo aveva raggiunto il figlio errabondo e smarrito. «Si congratulava con me, che avevo una tale madre, ma ignorava che razza di figlio avesse» nota Agostino (*Conf.* VI,II 2); ma qui evidentemente si illudeva.

Monica ha un solo pensiero: il ritorno del figlio alla fede; e ha un solo confidente: Ambrogio, che «ella amava come un angelo di Dio» (*Conf.* VI,I 1). Era assidua a tutti i riti e a tutte le adunanze, e quotidianamente s'incontrava col vescovo; il quale chissà quante volte sarà stato intrattenuto sulla lunga crisi del suo Agostino, senza peraltro che il vescovo si lasciasse coinvolgere da quella ossessione materna.

Ma allora come mai il vescovo di Ippona, ancora molti decenni dopo, esprimerà la convinzione che sia stato Ambrogio a portarlo sulla strada della salvezza?

La risposta non è difficile: Agostino è stato conquistato da tutto ciò che faceva e diceva il vescovo, ogni giorno riferitogli con ammirazione ed entusiasmo dalla madre che abitava con lui; è stato cioè convertito «dalla Chiesa di Ambrogio», Ambrogio è certamente entrato in modo risolutivo nella rinascita di quello che diventerà uno dei più grandi pensatori cristiani, ma da «pastore», capo, maestro e guida di tutto il suo gregge, più che da direttore di spirito o da pedagogo individuale o da amico del cuore.

«Vedevo una Chiesa "piena"» egli dirà (*Conf.* VIII,I 2: «Videbam Ecclesiam plenam, et alius sic ibat, alius autem sic»); una Chiesa che proprio per la sua oggettiva ricchezza consentiva ai suoi membri itinerari diversi. Da questa pienezza egli è stato a poco a poco affascinato e persuaso.

La Chiesa di Ambrogio è una Chiesa certa e serena della sua fede, che non ha complessi di natura ideologica: si preoccupa di tutti i poveri, ma al tempo stesso costruisce grandi basiliche a gloria di Dio e per l'utilità dei suoi figli. Adopera per il culto divino le suppellettili più preziose, ma non esita a infrangere i vasi sacri, per ricavarne di che pagare il riscatto per il riscatto dei prigionieri.

Elogiava la fede dei semplici e affermava che «non con la dialettica è piaciuto a Dio di salvare il suo popolo» (*De fide* 1,5,42: «non in dialectica complacuit Deo salvum facere populum suum»), ma apprezzava la cultura più alta, fino a sostenere un cenacolo di studiosi del pensiero neoplatonico, animato da Simpliciano.

Capiva e onorava la bellezza dell'amore coniugale, ma non temeva di proporre anche l'ideale della verginità. E così via.

Concludevo alla fine la mia prolusione con un auspicio di carattere pastorale. Questa «pienezza» equilibrata deve diventare anche oggi il nostro ideale ecclesiologico, da proporre a una cristianità, che per molti aspetti appare esangue e ideologicamente frammentata.

Ho avuto modo di incontrare una volta il successore del cardinale Biffi, Carlo Cafarra, invitato nella sua residenza sulle colline bolognesi a un'udienza concessa l'11 luglio 2005 a un gruppo di amici di Comunione e Liberazione, a cui lo stesso cardinale aderisce. L'incontro era riservato a coloro che avevano dato il loro contributo al primo anno di una serie di manifestazioni dal titolo «Bologna rifà scuola». L'8 novembre 2004 avevo partecipato, nell'aula magna Santa Lucia gremita di 800 persone, al primo dei «dialoghi» legati a questa iniziativa, dal titolo: «Futuro prossimo. Il valore della persona, fondamento di civiltà». Erano presenti anche lo psicoanalista Claudio Risé, Giorgio Vittadini ed Elena Ugolini, che è l'anima dell'iniziativa. È una vera benedizione e un segno della Provvidenza che proprio nella metropoli che è stata la roccaforte del potere comunista e si è rivelata la più ammalata di laicismo e di relativismo etico, i principali responsabili del degrado dei valori e dell'insieme della società, si siano succeduti arcivescovi con solide posizioni contro la crescita della penetrazione islamica. In un'intervista rilasciata al «Corriere della Sera» il 14 dicembre 2006, il cardinale Cafarra ha detto senza mezzi termini: «L'unico dialogo interreligioso praticabile è quello con l'ebraismo. Con l'islam, invece, possiamo incontrarci soltanto sul terreno della ragionevolezza e dell'educazione. Dobbiamo difendere l'identità dell'Occidente». Cafarra non ha risparmiato critiche all'approccio con cui fino ad allora veniva percepito e praticato il dialogo interreligioso, che aveva il suo momento culminante ad Assisi nei megaraduni di esponenti religiosi di decine di fedi diverse: «Potrebbero generare confusione nei fedeli. Con l'islam possiamo incontrarci negli ambiti del vivere umano, sul tema della ragionevolezza, della concezione della vita, dell'educazione. Ma il rapporto che io cristiano ho con Israele non è equiparabile al rapporto che io cristiano ho con altre religioni».

Un altro religioso che mi ha sempre affascinato per il coraggio della verità è il vescovo emerito di Como, Alessandro Maggiolini. Avevo chiesto di lui, senza riuscire a incontrarlo, in occasione delle mie visite nella città lariana nel 2006 e 2007 per presentare i miei libri *Io amo l'Italia* e *Viva Israele*. All'improvviso, dopo la mia conversione, si è fatto vivo lui facendomi pervenire il suo numero di cellulare. L'ho chiamato subito con trepidazione e lui mi ha risposto dall'interno del confessionale dove, mi ha spiegato, ascolta i suoi fedeli tutti i pomeriggi perché è l'unica attività pastorale a cui non ha voluto rinunciare, dal momento che il dialogo vivo con la gente gli consente di restare partecipe del loro vissuto reale e delle aspirazioni ideali dei suoi fedeli. Ha avuto per me parole di apprezzamento e di speranza, che poi, del tutto casualmente, ho ritrovato trascritte nel suo sito personale (www.alessandromaggiolini.it, alla voce «Rassegna stampa» del marzo 2008), presentate con il titolo «Il tuo coraggio serve alla Chiesa. Il coraggio della fede».

Como, 23 marzo 2008

Caro Magdi Cristiano Allam,
    ho assistito in Tv al rito del tuo Battesimo e ho letto l'articolo che tu hai steso per il «Corriere». Quasi a spiegazione del fatto. Non ho altro da aggiungere. Solo volevo ringraziarti per il coraggio che hai mostrato tu e il papa con te. In un periodo di esitazione e di paura di fronte a una persecuzione almeno latente, appare una benedizione di Dio che persone come te e come Benedetto XVI mettano da parte paura e diplomazia e parlino con la chiarezza di una fede per la quale il Signore Gesù è morto e risorto.
    Grazie per questo richiamo a una fede limpida e forte composta non solo di parole e di esortazioni, ma di un coraggio che si espone al pericolo della testimonianza per il credere e il vivere cristiano. Fede e ragione. Chissà che questo gesto di chiarezza e di forza non aiuti a ridare dignità e vigore anche a noi preti e a noi cardinali e vescovi, dopo l'esempio del papa.
    Prego per te e per i tuoi – nostri – amici.
    Un tuo gesto val più di predicozzi e di trattati.

Quando il 13 ottobre 2007 presentai *Viva Israele* a Galatina, in provincia di Lecce, rimasi colpito dalla carica religiosa di Rossella Schirone, responsabile del Centro ecumenico Oikos. È stato denominato Oikos (termine greco che significa «casa») perché è desiderio dei soci che diventi la casa di tutti, dai fratelli cristiani evangelici, cattolici e ortodossi, ai fratelli ebrei e musulmani. Il centro è stato dedicato a padre Agostino Lundin, medico svedese luterano. Venuto in Italia negli anni Settanta, conobbe la spiritualità francescana ad Assisi e volle diventare sacerdote francescano. Si prodigò per l'ecumenismo, fu il fondatore del Centro ecumenico nordico di Assisi e ispiratore del primo Centro ecumenico giovanile sorto nel 1973 nella parrocchia di San Biagio, che visitò due volte. Rossella è inoltre docente di Religione al liceo Capece di Maglie (Lecce) e di Storia delle religioni, Ecumenismo e Filosofia della religione all'Istituto superiore di Scienze religiose di Lecce. Sinceramente impegnata a difesa dell'unità tra i cristiani nel dialogo con le altre fedi, considera monsignor Francesco Cacucci, arcivescovo di Bari, la sua guida spirituale.

La mattina successiva, nella Sala della Provincia di Brindisi, ho conosciuto un'altra donna che mi ha affascinato per la sua fede, Mimma Piliego, che si ritiene miracolata per essere sopravvissuta a un tumore e che oggi è sempre più impegnata nella promozione del messaggio cristiano. Mimma è medico presso il seminario Papa Benedetto XVI e la Comunità Emmanuel, dedita al recupero dei tossicodipendenti, di Brindisi. Racconta di una sua «conversione totale» al cristianesimo, dopo un periodo di incertezza interiore, grazie alla guida dell'arcivescovo di Brindisi, monsignor Rocco Talucci, che «mi ha insegnato a vedere nelle persone solo il bene». Attualmente Mimma sta creando il Gruppo assistenza neoplastici (Gna), insieme a medici e infermieri volontari, per prestare assistenza ai malati terminali.

L'11 febbraio 2008 ho avuto modo di conoscere da vicino Alessandra Borghese, giornalista e scrittrice, partecipando con entusiasmo alla presentazione del suo libro *Lourdes. I miei giorni al servizio di Maria* (Mondadori) nella parrocchia

romana dedicata a Bernadette Soubirous, proprio in concomitanza con l'esposizione di una reliquia della santa che ha
avuto il dono dell'apparizione della Madonna. Alessandra
è una donna speciale, per la sua umanità, il suo coraggio e
la sua determinazione, che si è convertita da adulta alla fede cattolica trovando nel pensiero di Giovanni Paolo II e di
Benedetto XVI la sua vera fonte ispiratrice. Il suo esempio
ha colpito tanti cattolici, compresi quelli che lei definisce
dalla «fede tiepida» e «un po' codardi perché hanno timore
di professare la fede con pienezza».

Il 27 febbraio 2008 al Teatro Gentile di Fabriano ho avuto un'esperienza irripetibile, incontrando un migliaio di
studenti nella mattinata e altre 800 persone che la sera hanno nuovamente affollato la platea per vedere lo stesso
spettacolo, *Prove di dialogo con l'islam*, intrattenendosi per
tre ore con i ragazzi nel ruolo di cantanti, attori, ballerini e
giornalisti. La cosa è stata resa possibile grazie all'impegno
civile ed etico di un'insegnante di religione davvero speciale, Maria Cristina Corvo. Che emozione vedere la pro-
fessoressa Corvo, o più semplicemente Cris per i suoi ragazzi che le vogliono un bene sincero e totale, inaugurare
lo spettacolo raccontando la sua particolare storia di incontro e condivisione spirituale con il giovanissimo Moha-
med, incontrato sul monte Sinai e con cui ha contemplato
il sorgere del sole ripetendo insieme l'invocazione in arabo
e in italiano all'unico Dio della Vita e dell'Amore. Cristina
ha dimostrato di essere un raro esempio di insegnante che
considera la propria professione come una missione di vita, che dedica tutta se stessa, con la sua intelligenza e il
suo amore, all'educazione intesa come trasmissione dei
valori oltreché del sapere. Una dedizione assoluta ulteriormente confermata dalla passione e competenza con
cui ha condotto lo spettacolo, una prestazione di qualità al
livello dei migliori presentatori professionisti di eventi
pubblici. In aggiunta al fatto di essere stata l'eccellente or-
ganizzatrice di uno spettacolo a cui hanno partecipato 150
ragazzi di diversi licei e dell'istituto tecnico di Fabriano,

riuscendo nell'impresa di amalgamarli in modo armonico e impeccabile. Cristina è una donna veramente straordinaria per la sua rettitudine e integrità etica nonché per il suo sconfinato amore per il prossimo, e un'insegnante che è un modello di competenza e di maestria nel comunicare e nel trasmettere scienza e fede. Una «santa laica» l'ha definita giustamente monsignor Vecerrica, che ha voluto essere presente a entrambi gli spettacoli alla mattina e alla sera, per testimoniare la sua vicinanza e la sua condivisione di un raro momento di autentica partecipazione umana e spirituale con i ragazzi e con l'insieme della cittadinanza.

In una mail inviata dal Cairo al mio sito personale il 7 marzo 2008, Rosa Fasulo, infermiera in pensione, ha raccontato della sua speciale e toccante esperienza nel lebbrosario di Abuzaabal gestito da suor Gianvittoria Pizzutto, dell'ordine delle Terziarie francescane elisabettine di Padova. L'avevo conosciuta l'8 ottobre 2007, alla fine di un incontro pubblico nel Palazzetto dello Sport di Pordenone organizzato dal sindaco Sergio Bolzanello e dall'imprenditore cattolico Michelangelo Agrusti per presentare *Viva Israele*, al quale avevano partecipato 1200 persone. Rosa, con pazienza e semplicità, attese che finissi di scrivere le dediche ai tanti fra i presenti che me le richiedevano, per poi presentarsi. Le chiesi di tenermi informato sulla sua attività umanitaria e di carità cristiana.

Cosa che ha fatto:

Per una quindicina di anni le missionarie cercarono di fare il più possibile, per prima cosa cercarono di avere la fiducia degli ammalati perché essi pensavano che le suore fossero lì per convertirli al cristianesimo (i malati sono quasi tutti musulmani), poi quando capirono che volevano solo aiutarli cominciarono a chiamarle mamma, cosa che fanno tutt'ora. È dal 1997 che ogni anno dedico insieme a mio marito un mese al lebbrosario e tutto l'anno nella mia regione a cercare aiuti per i lebbrosi di Abuzaabal. Con suor Gianvittoria abbiamo sempre lavorato nel più grande rispetto verso gli ammalati e loro hanno fatto altrettanto con noi. Mi ricordo una volta una donna gravemente menomata che dormiva a terra, mentre inginocchiata le stavo medicando le piaghe vide il crocefisso che era uscito dalla mia maglietta e con il moncherino lo toccò e portandoselo alla bocca lo baciò dicendo: «Se tu sei qui vuol dire che il tuo Dio è buono». Come cristiana credo fermamente nel rispetto dell'uomo chiunque esso sia senza distinzione e sono pronta ad aiutare chiunque sia nel bisogno perché è questo che Dio vuole perché Egli è amore. Nel Vangelo c'è scritto di vedere nel prossimo il volto di Cristo, ebbene io ho capito cosa volesse dire questa frase stando con i lebbrosi. Un giorno al padiglione Nord c'era un uomo morente, lo avevamo disteso a terra e coperto con un lenzuolo affinché le mosche non lo tormentassero. A un certo punto mi avvicino e per chiedergli se avesse sete sono stata costretta a inginocchiarmi davanti a lui, e alla domanda di come si sentisse, mi rispose che stava bene grazie a Dio e chiese a me come stavo e mi fece un gran sorriso, era magrissimo, morente ma l'amore che ho visto in quegli occhi mi ha fatto riconoscere il volto di Cristo sofferente. Per me questa esperienza è speciale, la vivo non solo come un fatto umanitario ma come una riflessione continua sulla vita. Desidero fare un dono a chi legge questa testimonianza: non ho mai sentito dai lebbrosi un atto di accusa contro Dio, contro la sorte o contro l'uomo, loro mi hanno insegnato che per sopportare il dolore e l'ingiustizia bisogna aumentare l'amore e la fiducia nel Buon Dio che non abbandona mai nessuno.

Ho voluto citare tutti questi nomi di religiosi e laici cattolici non per adulazione, ma perché credo sinceramente che il mio percorso interiore di conversione al cattolicesimo sia stato contrassegnato e agevolato dall'esperienza di fraterna amicizia che ho avuto con tutti loro. La mia conversione non è stata affatto né un colpo di fulmine conseguente a un evento traumatico gioioso o triste che sia, così come non è stata per nulla una mera adesione razionale scaturita dalle letture dei testi sacri o dal confronto puramente intellettuale con chi è a favore o chi è contrario alla fede cattolica. È stata invece il frutto maturo di un lungo percorso di vita vissuta, fatta di studio e di conoscenza diretta delle fonti del sapere ma, soprattutto, di esperienze di incontro con l'altro che hanno coinvolto tutto me stesso, sedimentando pian piano nel mio animo e nella mia mente strati sempre più consistenti di adesione spirituale e razionale all'amore e alla fede in Gesù.

Indubbiamente l'incontro più straordinario e significativo nel mio percorso di conversione è stato quello con papa Benedetto XVI, che ho ammirato e difeso da musulmano per la chiarezza con cui ha posto il legame indissolubile tra fede e ragione come fondamento dell'autentica religione e della civiltà umana, a cui aderisco pienamente da cristiano per ispirarmi di nuova luce nel compimento della missione che Dio mi ha riservato.

Poi arrivò il momento del battesimo. Ero del tutto cosciente e determinato a ricevere questa grazia divina. Il Santo Padre intonò il *Gloria in excelsis* e diede inizio alla liturgia battesimale: «Fratelli e figli carissimi, invochiamo la misericordia di Dio Padre onnipotente per questi suoi figli che chiedono il santo battesimo. Dio, che li ha chiamati e guidati fino a questo momento, li rivesta di luce e di forza, perché con animo generoso aderiscano a Cristo e professino la fede della Chiesa, e conceda loro il dono dello Spirito Santo che stiamo per invocare su quest'acqua». Dopo la benedizione dell'acqua, il papa ci introdusse nella fase decisiva della cerimonia del battesimo.

Prima la testimonianza del «Rinunzia». Alle domande del Santo Padre: «Rinunziate al peccato, per vivere nella libertà dei figli di Dio?», «Rinunziate alle seduzioni del male, per non lasciarvi dominare dal peccato?», «Rinunziate a Satana, origine e causa di ogni peccato?», ho risposto: «Rinunzio». È quindi il momento della professione di fede. Al Santo Padre che chiede: «Credete in Dio, Padre Onnipotente, creatore del cielo e della terra?», «Credete in Gesù Cristo, suo unico Figlio, nostro Signore, che nacque da Maria Vergine, morì e fu sepolto, è risuscitato dai morti e siede alla destra del Padre?», «Credete nello Spirito Santo, la santa Chiesa cattolica, la comunione dei Santi, la remissione dei peccati, la risurrezione della carne e la vita eterna?», ho risposto: «Credo». E a ogni «Rinunzio» e a ogni «Credo» dentro di me si realizzava una rivoluzione della mente e del cuore.

Infine è giunto il momento decisivo del battesimo. Stavo rinascendo in Cristo, mi apprestavo a fare i primi passi da autentico cristiano. Mi sono alzato e diretto al fonte battesimale, accompagnato dal padrino. Per la prima volta mi sono trovato davanti a Benedetto XVI. Ero consapevole che proprio in quell'attimo si stava realizzando il destino che la grazia divina mi aveva assegnato cinquantasei anni prima, sin dalla mia nascita. Mi sono inchinato con il rispetto e l'umiltà del fedele che crede nel primato religioso del papa, quale vicario di Cristo in terra. Mi sono avvicinato al fonte, ho abbassato il capo e Benedetto XVI mi ha fatto colare sulla testa l'acqua benedetta: «Io ti battezzo nel nome del Padre, del Figlio e dello Spirito Santo».

Finalmente ero rigenerato in Cristo. Dentro ero trepidante di gioia. Fuori ero agitatissimo. E lo era evidentemente anche il mio padrino. Tanto è vero che, finito il battesimo, sia io sia Maurizio ci siamo allontanati tornando ai nostri posti senza inchinarci davanti al papa, come invece avremmo dovuto fare. Una manchevolezza che sono certo Benedetto XVI avrà compreso e perdonato. L'iniziazione al cristianesimo è proseguita con la consegna della veste bianca, una sciarpa di seta che il padrino mi ha posto sul collo, mentre il Santo Padre ci spiegava: «Fratelli e figli carissimi, siete diventati nuova creatura e siete rivestiti di Cristo. Ricevete perciò la veste bianca e portatela senza macchia fino al tribunale di nostro Signore Gesù Cristo, per avere la vita eterna». Quindi il padrino mi ha consegnato il cero acceso, simboleggiante la nuova luce, mentre il Santo Padre si è rivolto a noi con queste parole: «Siete diventati luce in Cristo. Camminate sempre come figli della luce perché, perseverando nella fede, possiate andare incontro al Signore che viene, con tutti i Santi, nel regno dei cieli».

La fase immediatamente precedente e il momento stesso del mio battesimo li ho vissuti come un'autentica liberazione. Per cinquantasei anni ho percepito me stesso come musulmano e, tutt'attorno a me, gli altri mi hanno indivi-

duato come un musulmano. A cinquantasei anni sono rinato da cristiano azzerando l'identità islamica che ho consapevolmente e volutamente rinnegato. Dentro e fuori di
me tutto cambierà. Nulla sarà più come prima. Per chi, come me, considera la fede religiosa e la sfera dei valori assoluti, universali e trascendenti come il fondamento della vita, del pensiero e dell'azione, l'adesione al cristianesimo si
traduce in un cambiamento radicale dell'insieme della
personalità e dell'esistenza. Certamente ci vorrà del tempo
affinché questa adesione alla fede in Gesù sia sempre più
piena e partecipe. Mi sento come un bambino che sta sperimentando i primi passi della sua nuova vita cristiana.
Ma la voglia di camminare e di correre da cristiano è tanta!
Grazie Gesù.

# II
## La mia cresima

*Grazie Gesù. Il miracolo della tua Risurrezione si è riverberato sulla mia anima liberandola dalle tenebre di una predicazione dove l'odio e l'intolleranza nei confronti del «diverso», criminalizzato e condannato acriticamente quale «nemico», prevalgono sulla luce della vera fede che irradia amore e rispetto del «prossimo», accolto sempre e comunque come «persona»; così come la mia mente si è affrancata dall'oscurantismo di un'ideologia nichilista che legittima la morte violenta propria e altrui, la tirannia e la schiavitù interiore, la menzogna e la dissimulazione aderendo pienamente allo spirito salvifico dell'autentica religione che ha elevato a valori assoluti, universali e trascendenti ciò che sostanzia l'essenza della nostra umanità: dalla fede nella sacralità della vita dal concepimento alla morte naturale, al riconoscimento della dignità della persona quale fondamento della civile convivenza, fino al rispetto della libertà di scelta individuale, a cominciare da quella religiosa.*

«Carissimi neofiti, nel battesimo siete rinati alla vita dei figli di Dio e siete divenuti membra del Cristo e del suo popolo sacerdotale. Riceverete ora il dono dello Spirito Santo, che nel giorno di Pentecoste fu inviato dal Signore sopra gli Apostoli e che dagli Apostoli e dai loro successori è stato comunicato ai battezzati. Anche a voi, dunque, sarà donata, secondo la promessa, la forza dello Spirito Santo perché, resi più perfettamente conformi a Cristo, possiate dare testimonianza della Passione e della Risurrezione del Signore e diventare membri attivi della Chiesa per l'edificazione del corpo di Cristo nella fede e nella carità.» Le parole del Santo Padre all'inizio della «celebrazione della confermazione», cioè la cresima, incutevano in me sia la soddisfazione immensa di appartenere alla comunità cristiana sia un forte senso di responsabilità per l'impegno che la Chiesa ci chiede per difendere e per promuovere la fede in Gesù.

Dentro di me ho sentito un vero e proprio sentimento di liberazione, di risurrezione dello spirito e di rinascita di Magdi in Cristiano, il nome da cristiano che io stesso ho scelto. L'ho deciso di getto perché ho voluto che il messaggio fosse semplice ed esplicito. Chi mai potrebbe dubitare che Magdi Cristiano sia cristiano? Successivamente ho riscontrato la bontà della mia scelta scoprendo che san Cristiano, celebrato il 4 dicembre, era un monaco cistercense che divenne il primo vescovo della Prussia nel 1215, si batté per l'evangelizzazione della sua gente senza però rinunciare all'idea che dovesse restare libera, in contrasto con l'atteggiamento coercitivo dei cavalieri dell'Ordine teutonico.

Ebbene, anch'io credo profondamente nel sodalizio tra la testimonianza della fede e la libertà di scelta. Ciò mi affascina e mi ha convinto della verità del cristianesimo, a cui ho aderito volontariamente e responsabilmente. Esattamente l'opposto dell'islam, che non si preoccupa della qualità libertaria della conversione e considera il proselitismo come una crescita quantitativa degli aderenti. Per diventare musulmani è infatti sufficiente pronunciare, al cospetto di due testimoni, la breve formula: «Testimonio che non vi è altro Dio che Allah e testimonio che Maometto è il profeta di Allah». Perché non si tratta di accogliere delle persone libere e coscienti della loro nuova fede, bensì dei gregari da sottomettere annullando la loro personalità per ingrossare le file delle masse che imporranno l'islam ovunque nel mondo.

Solo in Italia ci sarebbero circa 10.000 nostri connazionali convertiti all'islam, la gran parte dei quali ha compiuto tale scelta per poter sposare una donna musulmana, costretti dalla legge islamica che impone che il marito debba essere musulmano affinché i figli, concepiti come proprietà del padre non appena diventano adolescenti, siano obbligatoriamente educati secondo quanto prescrive la fede islamica. Ed è del tutto evidente che si tratta di conversioni ipocrite e fasulle. Mario Omar Camiletti, funzionario della Grande Moschea di Roma, mi ha raccontato che una volta, subito dopo la conversione per necessità matrimoniale, un italiano ha invitato i testimoni al bar offrendo loro coppe di spumante per brindare all'evento, ignorando del tutto il fatto che nell'islam vige il bando degli alcolici.

Come è radicalmente diverso l'approccio del cristianesimo! Ai catecumeni è infatti normalmente prescritto un lungo percorso spirituale, affinché possano avere la certezza della nuova fede cristiana. Perché per la Chiesa ciò che conta è la qualità della fede in Gesù, non la quantità dei convertiti. Nella domanda di ammissione ai sacramenti, redatta insieme a monsignor Fisichella, ho specificato: «Dopo aver ricevuto un'adeguata preparazione nell'insegnamento della religione cattolica e avere molto riflettuto sul passo da compiere così fondamentale per la vita, chiedo di essere ammesso ai sacramenti dell'iniziazione cristiana nella celebrazione che si terrà nella Veglia pasquale celebrata da Sua Santità papa Benedetto XVI». Un attestato personale che impegna la ragione al fianco della fede. Questa sì che è libertà religiosa!

Sin dal nostro primo incontro di iniziazione ai sacramenti cristiani, mi ha colpito l'affermazione di monsignor Fisichella che il cristianesimo, a differenza dell'islam, non è una «religione del libro», bensì una «religione della testimonianza viva di Gesù». Ai cristiani non viene prescritto di venerare letteralmente un testo sacro considerato trascendente, assoluto ed eterno come se fosse increato e della stessa natura di Dio, qual è appunto il Corano, adorato come una sorta di dio «incartato», finendo per essere manipolato e strumentalizzato arbitrariamente dai «musulmani di professione». Cioè da quella minoranza che conosce l'arabo classico antico, la lingua morta del Corano, ed è in grado di districarsi nel labirinto delle fonti che concorrono nell'elaborazione della sharia, riuscendo a imporre il loro potere alla massa analfabeta o non arabofona. Per i cristiani, all'opposto, fede e ragione sono presupposti individuali indispensabili per credere negli atti e nelle parole di Gesù, così come ci insegna la Chiesa sulla base della corretta lettura dei Vangeli e della testimonianza dei suoi apostoli e discepoli.

Monsignor Fisichella ha ugualmente sottolineato la specificità del Dio che si è fatto Uomo per amore degli uomini, per redimerli dal peccato e offrire loro la via della salvezza eterna. Mi ha raccontato di una convertita al cattolicesimo dall'ebraismo che aveva evidenziato la sua difficoltà ad abbracciare un Dio di cui è persino proibito pronunciare il nome. Gesù, invece, facendosi uomo, ci ha permesso di poterlo conoscere da vicino, toccare e amare, confermando che noi siamo fatti a immagine e somiglianza di Dio. Se poi penso al Dio dell'islam, trascendente al punto da risultare del tutto inaccessibile, supremo al punto da non lasciarci altra scelta che sottometterci ciecamente ai suoi ordini, la distanza da Gesù è totale.

Ricordo l'unica volta che visitai la Grande Moschea della Mecca, insieme a mia madre, nell'aprile 1991. Il cuore dell'attività devozionale è al centro della moschea, attorno alla Kaaba, ridefinita «Bait Allah al Haram», la Sacra Casa di Dio, nella convinzione che sia stata costruita da Abramo nello stesso punto in cui, nel regno dei Cieli, si eleva il trono di Allah. La Kaaba, un edificio cubico in muratura, è ricoperta dalla *keswah*, un drappeggio in seta nera ricamato da iscrizioni coraniche in oro. Sul lato nord della Kaaba c'è una porta d'oro massiccio. Ma dietro quella porta non c'è nulla, la Kaaba è assolutamente vuota. I fedeli fanno a gara per poter toccare la keswah, la baciano, ci affondano il volto e con le mani rialzate elevano suppliche di misericordia per assicurarsi un posto in Paradiso. Emerge chiaramente come il pellegrinaggio alla Mecca sia per i credenti il momento culminante del loro rapporto con Allah, la sola situazione in cui questo rapporto trova una sorta di materializzazione tramite oggetti che hanno acquisito un valore divino.

Finiti i sette giri intorno alla Kaaba, mi sono messo in fila per vedere la Pietra nera. Secondo la tradizione, essa proverrebbe dal Cielo portata dall'arcangelo Gabriele. In origine era bianca ed è diventata nera a causa dei peccati degli uomini. Oggi è venerata come una reliquia solo perché Maometto la baciò. La pietra, di forma ovale con una circonferenza di circa 90 centimetri, è spaccata in diversi pezzi tenuti insieme all'interno di un contenitore d'argento, anch'esso di forma ovale con una leggera rientranza che lo fa rassomigliare a una nicchia. Il culto della Pietra nera ha un valore particolare per i musulmani, così come testimonia l'accanimento, che puntualmente degenera in liti, per poter essere tra i fortunati che l'hanno toccata e baciata.

Poiché la Pietra nera si trova all'angolo nordorientale della Kaaba, le autorità hanno predisposto una fila per ciascun lato, una per gli uomini e una per le donne. Da una postazione leggermente rialzata, a fianco della porta in oro massiccio della Kaaba, un soldato cerca di regolare l'avvicendamento dei pellegrini. Ma è un'impresa ardua. Le file si disfano rapidamente, i più robusti si fanno largo con potenti spallate, i più deboli spesso sono costretti a rinunciare per non rimetterci la pelle. Bisogna tener presente che il tutto avviene in un ampio piazzale gremito di centinaia di migliaia di persone, in cui diventa difficile spostarsi anche di pochi metri. Ho visto un soldato prendere per i capelli un pellegrino che si era attardato a baciare la Pietra nera, estrargli a fatica la testa dalla nicchia e allontanarlo con le maniere forti. Accodandomi a un uomo dalle spalle larghe, riuscii a trattenermi solo pochi secondi davanti alla Pietra nera, e a toccare e a esaminare da vicino questo singolare oggetto inanimato venerato dai musulmani. La religione specifica che baciare la Pietra nera non è una *farida*, un precetto di Allah, ma una *sunna*, una tradizione che si rifà all'esempio di Maometto.

Ricordo, all'ingresso di Medina, un grande cartello con la scritta «Vietato l'accesso ai non musulmani». La seconda città santa dell'islam è oggetto di venerazione perché vi è sepolto Maometto, benché l'islam condanni il culto dei morti e riconosca al Profeta solo una natura umana. Questa incertezza tra l'ortodossia e una tradizione preislamica che invece praticava il culto dei morti e di oggetti inanimati emerge vistosamente davanti al Qabr al rasul, la tomba del Profeta, situata all'interno del Haram al nabawei, il sacrario di Maometto. Le sue spoglie sono custodite in un unico santuario insieme a quelle dei suoi primi due vicari, i califfi Abu Bakr al Siddiq e Omar ibn Khattab. Sulla facciata ci sono tre porte, e quella centrale introduce alla tomba del Profeta. Non solo a nessuno è consentito entrarvi, ma severissimi *mutawayn*, funzionari incaricati di far rispettare la legge islamica, fanno da scudo alla facciata del santuario, per impedire alla folla di avvicinarvisi, di toccarla o di baciarla. Uno di loro addirittura mi riprese quando sostai in piedi davanti al santuario con le palme delle mani girate e sollevate verso l'alto, un gesto che poteva apparire come quello di chi invoca la benedizione del defunto. Mi si avvicinò e mi ingiunse di abbassare le mani.

L'ordine è severissimo: si deve reprimere qualsiasi gesto che possa essere interpretato come un culto della salma del Profeta. Questi gesti sono infatti proibiti dalla religione nella sua versione radicale wahhabita, eppure, se non ci fossero controlli, i fedeli li farebbero, riesumando istintivamente tradizioni popolari che non si sono ancora spente dopo 1400 anni dall'avvento dell'islam. Ciò, di fatto, avveniva pubblicamente fino a pochi anni fa. Un fiume ininterrotto di uomini e donne si accalcava davanti alla facciata del santuario baciandola, toccandola e passandosi poi le mani sul volto. Ora le donne non possono più neppure sostarvi davanti, perché è stata interamente inglobata nel settore maschile della moschea. In tutte le moschee gli uomini e le donne pregano in aree diverse, mentre l'aggregazione dei due sessi è ammessa nei luoghi che ospitano santuari, come avviene alla Kaaba. A Medina, invece, ora le donne possono rivolgere le loro invocazioni a Maometto soltanto da una porta secondaria, dove è sepolta sua figlia Fatima. Le autorità sottolineano che la drastica separazione dei sessi si è resa necessaria dopo che, perfino davanti al santuario di Maometto, i maschi approfittavano della ressa per molestare le donne.

La mia conversione al cattolicesimo è il punto d'approdo di una graduale e profonda meditazione interiore a cui non avrei potuto sottrarmi, visto che dal 2003 sono costretto a una vita blindata, con la vigilanza fissa a casa e la scorta dei carabinieri che mi accompagna in ogni spostamento, a causa delle minacce e delle condanne a morte inflittemi dagli estremisti e dai terroristi islamici, sia quelli residenti in Italia sia quelli attivi all'estero. Mi sono dovuto interrogare sull'atteggiamento di coloro che hanno pubblicamente emesso *fatwe*, ovvero responsi giuridici islamici, denunciandomi, io che ero musulmano, come «nemico dell'islam», «ipocrita perché è un cristiano copto che finge di essere musulmano per danneggiare l'islam», «bugiardo e diffamatore dell'islam», legittimando in tal modo la mia condanna a morte. Mi sono chiesto come fosse possibile che chi, come me, si è battuto convintamente e strenuamente per un «islam moderato», assumendosi la responsabilità di esporsi in prima persona nella denuncia dell'estremismo e del terrorismo islamico, abbia finito poi con l'essere condannato a morte nel nome dell'islam e sulla base di una legittimazione coranica. Ho così dovuto prendere atto che, al di là della contingenza che attualmente registra il sopravvento del fenomeno degli estremisti e del terrorismo islamico a livello mondiale, la radice del male è insita in un islam che è fisiologicamente violento e storicamente conflittuale.

La prova più recente e che più di ogni altra mi ha colpito e convinto, al punto da rappresentare una vera svolta nella mia vita interiore e accelerare il percorso di piena adesione alla fede in Gesù, è stato il discorso pronunciato da Benedetto XVI nell'Aula Magna dell'Università di Regensburg (Ratisbona) il 12 settembre 2006, dal titolo semplice e pacato: «Fede, ragione e università. Ricordi e riflessioni». Nel preambolo egli parla dei suoi ricordi, da docente nella medesima università, sulla disputa tra fede e ragione. Vi ripropongo l'insieme del passaggio che ha immediatamente attirato polemiche, critiche, minacce e condanne nei confronti del papa.

Tutto ciò mi tornò in mente, quando recentemente lessi la parte edita dal professore Theodore Khoury (Münster) del dialogo che il dotto imperatore bizantino Manuele II Paleologo, forse durante i quartieri d'inverno del 1391 presso Ankara, ebbe con un persiano colto su cristianesimo e islam e sulla verità di ambedue. Fu poi presumibilmente l'imperatore stesso ad annotare, durante l'assedio di Costantinopoli tra il 1394 e il 1402, questo dialogo; si spiega così perché i suoi ragionamenti siano riportati in modo molto più dettagliato che non quelli del suo interlocutore persiano. Il dialogo si estende su tutto l'ambito delle strutture della fede contenute nella Bibbia e nel Corano e si sofferma soprattutto sull'immagine di Dio e dell'uomo, ma necessariamente anche sempre di nuovo sulla relazione tra le – come si diceva – tre «Leggi» o tre «ordini di vita»: Antico Testamento - Nuovo Testamento - Corano. Di ciò non intendo parlare ora in questa lezione; vorrei toccare solo un argomento – piuttosto marginale nella struttura dell'intero dialogo – che, nel contesto del tema «fede e ragione», mi ha affascinato e che mi servirà come punto di partenza per le mie riflessioni su questo tema.

Nel settimo colloquio (*dialeksis* – controversia) edito dal prof. Khoury, l'imperatore tocca il tema della Jihad, della guerra santa. Sicuramente l'imperatore sapeva che nella sura 2,256 si legge: «Nessuna costrizione nelle cose di fede». È una delle sure del periodo iniziale, dicono gli esperti, in cui Maometto stesso era ancora senza potere e minacciato. Ma, naturalmente, l'imperatore conosceva anche le disposizioni, sviluppate successivamente e fissate nel Corano, circa la guerra santa. Senza soffermarsi sui particolari, come la differenza di trattamento tra coloro che possiedono il «Libro» e gli «increduli», egli, in modo sorprendentemente brusco, brusco al punto da stupirci, si rivolge al suo interlocutore semplicemente con la domanda centrale sul rapporto tra religione e violenza in genere, dicendo: «Mostrami pure ciò che Maometto ha portato di nuovo, e vi troverai soltanto delle cose cattive e disumane, come la sua direttiva di diffondere per mezzo della spada la fede che egli predicava». L'imperatore, dopo essersi pronunciato in modo così pesante, spiega poi minuziosamente le ragioni per cui la diffusione della fede mediante la violenza è cosa irragionevole. La violenza è in contrasto con la natura di Dio e la natura dell'anima. «Dio non si compiace del sangue; non agire secondo ragione (*syn logo*), è contrario alla natura di Dio. La fede è frutto dell'anima, non del corpo. Chi quindi vuole condurre qualcuno alla fede ha bisogno della capacità di parlare bene e di ragionare correttamente, non invece della violenza e della minaccia... Per convincere un'anima ragionevole non è necessario disporre né del proprio braccio, né di strumenti per colpire né di qualunque altro mezzo con cui si possa minacciare una persona di morte...»

L'affermazione decisiva in questa argomentazione contro la conversione mediante la violenza è: non agire secondo ragione è contrario alla natura di Dio. L'editore, Theodore Khoury, commenta: per l'imperatore, come bizantino cresciuto nella filosofia greca, quest'affermazione è evidente. Per la dottrina musulmana, invece, Dio è assolutamente trascendente. La sua volontà non è legata a nessuna delle nostre categorie, fosse anche quella della ragionevolezza. In questo contesto Khoury cita un'opera del noto islamista francese R. Arnaldez, il quale rileva che Ibn Hazm si spinge fino a dichiarare che Dio non sarebbe legato neanche dalla sua stessa parola e che niente lo obbligherebbe a rivelare a noi la verità. Se fosse sua volontà, l'uomo dovrebbe praticare anche l'idolatria.

All'indomani del discorso di Ratisbona esplose una feroce campagna di criminalizzazione del papa. In una vignetta che circolava nei siti estremisti islamici, rintracciata da Hamza Massimiliano Boccolini e pubblicata su «Libero», Benedetto XVI compare nelle sembianze di Dracula con il sangue che scorre dalla bocca, con una scritta centrale in rosso «Decapitatelo», attorniata da altre: «Maiale servo della croce», «Adora una scimmia inchiodata sulla croce», «Odioso malvagio», «Satana lapidato», «Allah lo maledica», «Vampiro che succhia sangue». In una serie di vignette, rintracciate in rete e diffuse da Dagospia, si vede la basilica di San Pietro con issata la bandiera dell'islam e la scritta «Non vi è altro Dio al di fuori di Allah e Maometto è il suo profeta» e, al centro della basilica, l'insegna «Allah è grande». La televisione del Qatar Al Jazeera trasmise una vignetta animata, firmata dal disegnatore satirico pachistano Shujaat Ali, che si apre con una dolcissima musica d'organo, campane in lontananza che accompagnano Giovanni Paolo II mentre sorridente libera delle colombe bianche da una scatola con la scritta «Armonia ecumenica». Ma, appostato sulla piazza di San Pietro, Benedetto XVI imbraccia il fucile e – cambio di musica, marcetta e colpi d'arma da fuoco – abbatte a una a una le tre colombe, forse simboleggianti le tre religioni monoteiste rivelate. Nella scena finale si vede un Ratzinger soddisfatto, mentre Wojtyła, disperato sul suo trono, regge il bastone della Croce e si mette una mano nei capelli guardando le colombe morte ai suoi piedi. Al Qaeda in un comunicato annunciò: «All'adoratore della croce [il papa] diciamo che lui e l'Occidente saranno sconfitti. Dio aiuterà i musulmani a conquistare Roma...». La «guida spirituale» iraniana Ali Khamenei qualificò il discorso di Benedetto XVI come «l'ultimo anello» di «complotti contro l'islam e i suoi valori sacri», i cui beneficiari sono il «Grande Satana», cioè l'America e i «sionisti».

Ma tra i critici più accesi del papa spiccavano anche il moderato sovrano del Marocco, Mohammad VI, che chiese ufficialmente al Santo Padre di «mostrare nei confronti dell'islam lo stesso rispetto che Lei nutre per gli altri culti». Il governo egiziano convocò il nunzio apostolico al Cairo e, tramite lo sheikh dell'Università islamica di Al Azhar, pretese delle scuse ufficiali. Il premier turco Erdogan definì le dichiarazioni del pontefice «brutte e inopportune», chiedendogli di «ritirarle». Lo stesso fecero i governi di paesi che consideriamo ugualmente moderati, quali il Pakistan, l'Indonesia e la Malaysia. Il direttore della televisione Al Arabiya, il saudita Abdel Rahman al Rashed, l'unico musulmano che Oriana Fallaci salvò dalla condanna generale nella sua ultima fatica, *L'Apocalisse*, arrivò a sostenere sarcasticamente che «Bin Laden sarebbe stato disposto a pagare tutti i soldi che gli rimangono per ottenere questa dichiarazione del papa, che ha indotto i musulmani ad allinearsi sulle posizioni di Al Qaeda».

Eppure, nonostante queste vignette e queste affermazioni infamanti e criminalizzanti, condanne a morte e intimidazioni irresponsabili che oltraggiano e istigano alla violenza contro il papa, nessuno tra gli italiani, gli occidentali, i cristiani, i cosiddetti «musulmani moderati», i fedeli di qualsiasi religione, i laici o gli atei, proprio nessuno, protestò e prese le difese di Benedetto XVI. Come mai non ci fu nemmeno una protesta, così come accadde in occasione delle vignette su Maometto, comparse circa un anno prima su uno sconosciuto quotidiano danese e che provocarono una violenta crisi internazionale? Possibile che oggi noi dobbiamo giustificare e rassegnarci alla condanna a morte del capo della Chiesa cattolica, al massacro e alla persecuzione dei cristiani nonché all'aggressione contro le chiese nei paesi islamici? Addirittura pensare che, in definitiva, siamo noi stessi colpevoli se ci troviamo costretti a mettere in stato d'allerta le nostre città e i luoghi di culto cristiani, considerando tutto ciò quasi una naturale reazione a un discorso del papa? Come è possibile che la cristianità e l'Occidente debbano essere sempre e comunque sanzionati con la morte e il terrore per le idee che esprimono contro l'ideologia della morte e del terrore? Non è forse fin troppo chiaro che non si tratta di una reazione bensì di un'aggressione ai valori e all'identità della cristianità e dell'Occidente da parte di un vasto fronte islamico avvelenato dall'ideologia dell'odio, della vendetta e della morte a cui purtroppo fanno da sponda non pochi ingenui, irresponsabili e ideologicamente collusi con l'estremismo islamico all'interno stesso della cristianità e dell'Occidente?

Il 20 settembre, nel corso dell'udienza generale in piazza San Pietro, il papa prese le distanze dalle parole dell'imperatore bizantino Manuele II Paleologo, sostenendo: «non volevo in nessun modo far mie le parole negative pronunciate dall'imperatore medievale in questo dialogo» e «il loro contenuto polemico non esprime la mia convinzione personale».

Un'esperienza particolarmente bella è stata per me in quel giorno tenere una prolusione davanti a un grande uditorio di professori e di studenti nell'Università di Regensburg, dove per molti anni ho insegnato come professore. Con gioia ho potuto incontrare ancora una volta il mondo universitario che, durante un lungo periodo della mia vita, è stato la mia patria spirituale. Come tema avevo scelto la questione del rapporto tra fede e ragione. Per introdurre l'uditorio nella drammaticità e nell'attualità dell'argomento, ho citato alcune parole di un dialogo cristiano-islamico del XIV secolo, con le quali l'interlocutore cristiano – l'imperatore bizantino Manuele II Paleologo – in modo per noi incomprensibilmente brusco, presentò all'interlocutore islamico il problema del rapporto tra religione e violenza. Questa citazione, purtroppo, ha potuto prestarsi a essere fraintesa. Per il lettore attento del mio testo, però, risulta chiaro che non volevo in nessun modo far mie le parole negative pronunciate dall'imperatore medievale in questo dialogo e che il loro contenuto polemico non esprime la mia convinzione personale. La mia intenzione era ben diversa: partendo da ciò che Manuele II successivamente dice in modo positivo, con una parola molto bella, circa la ragionevolezza che deve guidare nella trasmissione della fede, volevo spiegare che non religione e violenza, ma religione e ragione vanno insieme. Il tema della mia conferenza – rispondendo alla missione dell'Università – fu quindi la relazione tra fede e ragione: volevo invitare al dialogo della fede cristiana col mondo moderno e al dialogo di tutte le culture e religioni. Spero che in diverse occasioni della mia visita – per esempio, quando a Monaco ho sottolineato quanto sia importante rispettare ciò che per gli altri è sacro – sia apparso con chiarezza il mio rispetto profondo per le grandi religioni e, in particolare, per i musulmani, che «adorano l'unico Dio» e con i quali siamo impegnati a «difendere e promuovere insieme, per tutti gli uomini, la giustizia sociale, i valori morali, la pace e la libertà» (Dichiarazione sulle relazioni della Chiesa con le religioni non cristiane *Nostra Aetate*, 3). Confido quindi che, dopo le reazioni del primo momento, le mie parole nell'Università di Regensburg possano costituire una spinta e un incoraggiamento a un dialogo positivo, anche autocritico, sia tra le religioni come tra la ragione moderna e la fede dei cristiani.

Il papa non si è scusato con l'islam, anche se certamente questa è stata la richiesta di quanti, tra i musulmani e gli occidentali, giudicavano insufficienti l'espressione di «rammarico» e la presa di distanza dalla citazione su Maometto dell'imperatore bizantino Manuele II Paleologo. Comunque sia, io le ho considerate una sconfitta del principio della libertà di espressione, cardine della civiltà occidentale. Non ci siamo resi pienamente conto del significato profondo del fatto che il papa sia stato costretto a giustificarsi per una sua legittima valutazione sull'islam. Che rappresenta, in assoluto, l'esercizio del diritto alla libertà d'espressione come persona e, in particolare, l'esercizio di un dovere religioso come capo della Chiesa cattolica. Ecco perché non è solo e non tanto una sconfitta per la cristianità, bensì per tutti noi, persone libere e orgogliose dei valori fondanti della nostra umanità, indipendentemente dalla nostra fede, nazionalità e cultura.

Ci rendiamo conto che siamo arrivati al punto che si nega al papa il diritto di esprimere una valutazione sull'islam difforme da quella dei musulmani, così come naturalmente e ragionevolmente deve essere tra due religioni non solo diverse, ma profondamente in contrasto sul piano della teologia e della filosofia di vita? Ci rendiamo conto che ci troviamo già in una fase buia della nostra epoca in cui dobbiamo sottometterci in tutto e per tutto all'«islamicamente corretto», in cui si è condannati a morte se si descrive la verità storica sulle guerre intraprese da Maometto e dai suoi successori per diffondere l'islam, in cui veniamo sanzionati se definiamo «terrorismo islamico» le barbarie commesse da Bin Laden e dai criminali che massacrano perlopiù altri musulmani nel nome di Allah?

Questa pericolosissima involuzione del pensiero e dell'etica avviene all'insegna di una strategia deliberata, pianificata, finanziata e attuata dagli estremisti islamici, e che può essere definita la «Jihad della parola». Se l'11 settembre 2001 ha rappresentato il culmine della «Jihad del terrore», con il più sanguinoso attentato al cuore della superpotenza mondiale, il 12 settembre 2006 costituisce il livello più alto della «Jihad della parola», con il più insidioso attacco verbale al leader spirituale che oggi più di altri incarna i valori e gli ideali dell'Occidente. La «Jihad della parola» si fonda sulla consapevolezza che noi tutti (compresi coloro che in questo momento irresponsabilmente fanno da sponda agli estremisti islamici) – ovvero il nemico – saremo sconfitti quando ci autocensureremo volontariamente, quando saremo soggiogati dalla paura di dire ciò che pensiamo e di essere ciò che siamo, quando il terrore di ciò che potrebbe accaderci ci lacererà interiormente e paralizzerà totalmente.

Purtroppo, così come prova la reazione sconsiderata di tante «autorevoli» testate occidentali, viviamo sotto una cappa di mistificazione della realtà che vorrebbe farci credere che l'11 settembre è un complotto della Cia e del Mossad e che il 12 settembre è un complotto di Benedetto XVI. La verità è che siamo in una fase cruciale della storia, contrassegnata, da un lato, dalla guerra del terrorismo islamico e, dall'altro, dal nichilismo occidentale. L'impegno del papa è volto a impostare il dialogo con l'islam nella consapevolezza della diversità religiosa e sulla base del rispetto e della condivisione dei valori fondanti della nostra umanità, in primis la sacralità della vita e la dignità e libertà della persona. E, al tempo stesso, ad affermare una civiltà dell'uomo che rifugga dal relativismo religioso, valoriale e culturale. Ecco perché oggi il papa rappresenta il baluardo a difesa della libertà e della civiltà di tutti noi.

Il 25 settembre 2006, nella sua residenza a Castel Gandolfo Benedetto XVI concesse un'udienza agli ambasciatori dei paesi a maggioranza islamica e ai membri della Consulta per l'islam italiano, in cui evidenziò tanto il rispetto per i musulmani e l'imperativo di un dialogo costruttivo basato sulla condivisione della dignità della persona e la denuncia della violenza, quanto il diritto di affermare la diversità religiosa tra il cristianesimo e l'islam.

In questo particolare contesto, vorrei oggi ribadire tutta la stima e il profondo rispetto che nutro verso i credenti musulmani, ricordando quanto afferma in proposito il Concilio Vaticano II e che per la Chiesa cattolica costituisce la Magna Charta del dialogo islamo-cristiano: «La Chiesa guarda con stima anche i musulmani che adorano l'unico Dio, vivente e sussistente, misericordioso e onnipotente, creatore del cielo e della terra, che ha parlato agli uomini. Essi cercano di sottomettersi con tutto il cuore ai decreti anche nascosti di Dio, come si è sottomesso Abramo, al quale la fede islamica volentieri si riferisce» (*Nostra Aetate*, 3).

Ponendomi decisamente in questa prospettiva, fin dall'inizio del mio pontificato ho auspicato che si continuino a consolidare ponti di amicizia con i fedeli di tutte le religioni, con un particolare apprezzamento per la crescita del dialogo tra musulmani e cristiani (cfr. *Discorso ai Delegati delle altre Chiese e Comunità ecclesiali e di altre Tradizioni religiose*, in «Osservatore Romano» 26 aprile 2005, p. 4). Come ebbi a sottolineare a Colonia lo scorso anno, «il dialogo interreligioso e interculturale fra cristiani e musulmani non può ridursi a una scelta del momento. Si tratta effettivamente di una necessità vitale, da cui dipende in gran parte il nostro futuro» (cfr. *Discorso ai Rappresentanti di alcune comunità musulmane*, in «Osservatore Romano», 22-23 agosto 2005, p. 5).

In un mondo segnato dal relativismo, e che troppo spesso esclude la trascendenza dall'universalità della ragione, abbiamo assolutamente bisogno d'un dialogo autentico tra le religioni e tra le culture, un dialogo in grado di aiutarci a superare insieme tutte le tensioni in uno spirito di proficua intesa. In continuità con l'opera intrapresa dal mio predecessore, il papa Giovanni Paolo II, auspico dunque vivamente che i rapporti ispirati a fiducia, che si sono instaurati da diversi anni fra cristiani e musulmani, non solo proseguano, ma si sviluppino in uno spirito di dialogo sincero e rispettoso, un dialogo fondato su una conoscenza reciproca sempre più autentica che, con gioia, riconosce i valori religiosi comuni e, con lealtà, prende atto e rispetta le differenze.

Il dialogo interreligioso e interculturale costituisce una necessità per costruire insieme il mondo di pace e di fraternità ardentemente auspicato da tutti gli uomini di buona volontà. In questo ambito, i nostri contemporanei attendono da noi un'eloquente testimonianza in grado di indicare a tutti il valore della dimensione religiosa dell'esistenza. È pertanto necessario che, fedeli agli insegnamenti delle loro rispettive tradizioni religiose, cristiani e musulmani imparino a lavorare insieme, come già avviene in diverse comuni esperienze, per evitare ogni forma di intolleranza e opporsi a ogni manifestazione di violenza; è altresì doveroso che noi, autorità religiose e responsabili politici, li guidiamo e incoraggiamo ad agire così. In effetti, ricorda ancora il Concilio, «sebbene, nel corso dei secoli, non pochi dissensi e inimicizie sono sorti tra cristiani e musulmani, il sacrosanto sinodo esorta tutti a dimenticare il passato e a esercitare sinceramente la mutua comprensione, nonché a difendere e promuovere insieme, per tutti gli uomini, la giustizia sociale, i valori morali, la pace e la libertà» (*Nostra Aetate*, 3).

Gli insegnamenti del passato non possono dunque non aiutarci a ricercare vie di riconciliazione perché, nel rispetto dell'identità e della libertà di ciascuno, diamo vita a una collaborazione ricca di frutti al servizio dell'intera umanità. Come il papa Giovanni Paolo II affermava nel suo memorabile discorso ai giovani a Casablanca, in Marocco, «il rispetto e il dialogo richiedono la reciprocità in tutti i campi, soprattutto per quanto concerne le libertà fondamentali e più particolarmente la libertà religiosa. Essi favoriscono la pace e l'intesa tra i popoli» (*Insegnamenti di Giovanni Paolo II*, VIII, 2, 1985, p. 501).

Cari amici, sono profondamente convinto che, nella situazione in cui si trova il mondo oggi, è un imperativo per i cristiani e i musulmani impegnarsi nell'affrontare insieme le numerose sfide con le quali si confronta l'umanità, specialmente per quanto riguarda la difesa e la promozione della dignità dell'essere umano e i diritti che ne derivano. Mentre crescono le minacce contro l'uomo e contro la pace, riaffermando la centralità della persona e lavorando senza stancarsi perché la vita umana sia sempre rispettata, cristiani e musulmani rendono manifesta la loro obbedienza al Creatore, la cui volontà è che tutti gli esseri umani vivano con quella dignità che Egli ha loro dato.

La tempra di Benedetto XVI è testimoniata dalla sua pacata ma ferma opposizione a «scusarsi» per aver legittimamente espresso una valutazione storica sull'islam, anche se in due occasioni, il 17 e il 20 settembre, aveva espresso il proprio «rammarico» perché i musulmani si erano sentiti offesi. Il 25 settembre ignorò la vicenda. Il messaggio era chiarissimo: per la Chiesa il caso era definitivamente chiuso. Il fatto che il papa non abbia dato la parola agli ambasciatori dei paesi a maggioranza musulmana testimonia ancor di più il convincimento che il suo diritto alla libertà d'espressione sull'islam non possa essere messo in discussione davanti alle telecamere, né diventare oggetto di confronto pubblico con la controparte, ciò che avrebbe potuto sottintendere la disponibilità a un compromesso che inevitabilmente si sarebbe tradotto in cedimento. Escludendo la possibilità di replica degli ambasciatori, dopo il suo breve discorso, il papa lanciò un segnale inequivocabile: sul diritto alla libertà della Chiesa di esprimersi sull'islam, anche se la valutazione non dovesse risultare gradita ai musulmani, non si mercanteggia.

Ero a tal punto d'accordo con Benedetto XVI che considerai persino eccessivo il fatto di aver dato «spiegazioni» e «chiarimenti» sulle sue reali intenzioni, probabilmente su sollecitazione della Segreteria di Stato. Il 25 settembre, in un commento sul «Corriere della Sera», sfogai il mio disappunto: «Come italiano, musulmano laico di civiltà occidentale, considero una sconfitta il fatto stesso che oggi, per la terza volta, il papa si sia sentito in dovere di spiega-

re che non intendeva offendere l'islam quando ha esercitato il legittimo diritto alla libertà d'espressione. Ma sarebbe una catastrofe se, in cambio del loro "perdono", ve-
nissero legittimati quali interlocutori della Chiesa in veste
di "rappresentanti dell'islam" dei governi e delle organiz-
zazioni che predicano e praticano il terrorismo, che mirano alla distruzione di Israele e all'annientamento della civiltà occidentale. Che nessuno si faccia illusioni: costoro si
considereranno pienamente soddisfatti soltanto quando il
papa, e con lui i cristiani, si convertiranno all'islam».

Non ho alcun dubbio sul fatto che il pericolo maggiore
per la Chiesa proviene dall'interno delle sue stesse file.
Sono rimasto di stucco nello scoprire il 26 settembre 2006
che all'interno del sito www.islam-online.net, legato al
predicatore d'odio islamico Youssef Qaradawi, il padre ge-
suita Thomas Michel rispondeva in diretta alle domande
poste dai frequentatori del sito. Padre Michel è stato per
tredici anni capo dell'Ufficio per l'islam del Consiglio per
il dialogo interreligioso del Vaticano. E lo shock è stato totale leggendo la sua netta condanna di Benedetto XVI al
punto da pretendere, lui che gli dovrebbe obbedienza, le
scuse del Santo Padre: «Noi cristiani dobbiamo delle scuse ai musulmani. ... Il papa non si è scusato ma autogiu-
stificato. Mi attendo delle scuse chiare, nette e dirette». Si
è spinto addirittura, lui che è un pastore della Chiesa e
dovrebbe avere come missione la difesa e la diffusione
della fede, a condannare lo stesso cristianesimo: «Il papa
avrebbe potuto far riferimento alle crociate, volendo criticare la violenza ispirata dalla religione, senza offendere
gli altri».
Padre Michel è stato il più influente collaboratore di
Giovanni Paolo II, dal 1981 al 1994, nella sua politica di riconciliazione e apertura con l'islam. Mantiene l'incarico
di consulente del Vaticano ed è segretario del Dialogo interreligioso della Compagnia di Gesù e della Conferenza
della Federazione dei vescovi dell'Asia. Che ci fa un reli-

gioso cattolico di questa levatura con chi, come Qaradawi, predica la sconfitta del cristianesimo e l'annientamento della civiltà occidentale, la distruzione di Israele e il castigo eterno per gli ebrei, inneggia e legittima il terrorismo suicida palestinese e gli attentati contro gli occidentali in Iraq e Afghanistan? Eppure dalle risposte di padre Michel trasuda l'ansia di compiacere ai discepoli di Qaradawi, condividendo la denuncia inappellabile di Benedetto XVI, raffigurandolo come un incosciente che sarebbe attorniato da irresponsabili e starebbe per trascinare la Chiesa nella catastrofe: «Il testo del discorso è stato scritto direttamente dal papa. Sono delle sue opinioni personali. Non c'è dubbio che alcuni in Vaticano la pensino come lui, ma ce ne sono molti che sono in disaccordo. Penso che il riferimento a un personaggio male informato e con dei pregiudizi come Manuele Paleologo è stato una mancanza di rispetto. Il papa dovrebbe avere dei consiglieri migliori, che gli avrebbero dovuto spiegare che quelle parole avrebbero distrutto anni di fiducia e apertura tra cristiani e musulmani». E in un'altra risposta dichiara: «Sono d'accordo con lei. La libertà d'espressione è vincolata alla responsabilità di non diffamare i profeti o i fedeli delle religioni». Fino a sposare la tesi della bontà dell'islam che starebbe per redimere l'Occidente ormai senza fede e in crisi di valori: «Credo che i media occidentali siano ingiustamente ossessionati dall'islam. Penso che tutti i fedeli delle religioni, compresi i cristiani, debbano essere riconoscenti ai musulmani per aver sollevato i temi di Dio e della fede nelle nostre società secolarizzate».

Padre Michel afferma la tesi del terrorismo reattivo, prevedibile e in qualche modo giustificabile: «Non credo che le dichiarazioni del papa siano state sagge. Spero che non alimentino la violenza e che i musulmani accetteranno le sue scuse e lo perdoneranno». Critiche molto più esplicite di quelle, più velate ma non meno significative, espresse dal cardinale Carlo Maria Martini e dal vescovo di Algeri Henri Teissier all'indomani del discorso di Rati-

sbona. Ma che stanno a significare che probabilmente c'è
un secondo fronte che insidia assai da vicino il pontefice:
quello dei pastori della Chiesa che gli dovrebbero fedeltà
assoluta sulle questioni dogmatiche e rispetto quando si
pronuncia sui grandi temi che sostanziano i nodi irrisolti
e i conflitti in atto nel nostro mondo globalizzato, ma che
all'opposto sono fin troppo preoccupati di inimicarsi i
predicatori d'odio islamici che legittimano e minacciano
le loro guerre sante.

Padre Michel è l'emblema dell'islamicamente corretto in
seno alla Chiesa. Una nuova filosofia di vita che induce
l'Occidente ad autocensurare la propria libertà d'espressione per paura della reazione degli islamici. Come dimostra la decisione dell'Opera di Berlino di annullare l'*Idomeneo* di Mozart, a seguito di un'analoga decisione a Ginevra
di sospendere il *Maometto* di Voltaire e la censura a Londra
del *Tamerlano il Grande* di Christopher Marlowe. A maggior ragione preoccupa la reazione critica, se non ostile, di
tanta stampa internazionale «autorevole» nei confronti del
papa. Se le mie posizioni dovessero coincidere con quelle
di Bin Laden, dei Fratelli Musulmani e del regime nazi-
islamico iraniano, capirei subito che ho sbagliato. Ma evidentemente una parte dell'Occidente preferisce infierire
contro se stessa anziché difendere la propria civiltà minacciata dall'estremismo islamico. In Italia dovremo aspettare
la messa al bando della *Divina Commedia* per compiacere ai
taglia-lingua islamici prima di essere costretti a svegliarci
dal nostro torpore?

Sono orgoglioso di essere stato uno dei pochi giornalisti
della stampa nazionale italiana e internazionale ad avere
difeso incondizionatamente Benedetto XVI per il suo discorso all'Università di Ratisbona. E non l'ho difeso soltanto nel nome della sacrosanta libertà d'espressione. L'ho
difeso anche nel merito di ciò che ha detto sull'islam citando l'imperatore bizantino Manuele II Paleologo, perché si tratta della nuda e cruda verità storica. Il capo della

Chiesa cattolica universale, in quanto capo dello Stato Vaticano, può essere costretto a rispettare vincoli imposti dalla salvaguardia di legittimi interessi terreni, in ottemperanza a criteri dettati dalle norme che regolamentano le relazioni internazionali. Così come accade, fin troppo spesso, che il papa sia costretto alla cautela, su suggerimento della diplomazia vaticana, per paura delle ripercussioni dei suoi atti o delle sue parole sull'insieme dei cristiani – o perfino degli occidentali – nel mondo, dal momento che gli estremisti e i terroristi islamici infieriscono e massacrano indiscriminatamente tutti quelli che non sono a loro immagine e somiglianza. Ma io, per mia fortuna, non sono sottoposto né ai vincoli internazionali né alle pressioni diplomatiche di cui il papa deve comunque tener conto. La mia professione di libero intellettuale che esprime il suo pensiero tramite articoli, libri o incontri pubblici mi affranca da qualsiasi condizionamento e mi consente piena autonomia di giudizio.

Ebbene, cominciamo dalla concezione di Dio. Io contesto il fatto che il Dio dell'islam corrisponda al nostro Gesù, al Dio che si è fatto uomo per amore degli uomini, per redimerli dal peccato e per donare loro la vita eterna. La verità è che Maometto è stato un grande «metabolizzatore» delle religioni e delle tradizioni passate, e ha dato vita a una nuova fede che ha adottato un dio pagano il quale, al pari di tutti gli dei pagani, era la figura maschile di una coppia di divinità; ha fatto propri i profeti dell'Antico Testamento, nonché quelli conosciuti nella tradizione preislamica araba; e ha inglobato una versione cristiana eretica sulla natura esclusivamente umana di Gesù.

Allah, il dio unico e creatore, era conosciuto dagli arabi già in epoca preislamica. Era una delle divinità meccane adorate nella Kaaba, alla quale ci si recava già in pellegrinaggio prima dell'avvento dell'islam. L'etimologia più probabile di Allah è l'aramaico Alaha. Nella poesia preislamica ricorre di frequente la parola *ilah*, «dio», preceduta dall'articolo determinativo *al-*, per indicare soprattutto una divinità impersonale. Anche in un'iscrizione del VI secolo compare già il nome *Abd Allah*, «servo di Dio». Le ipotesi sull'origine del termine Allah sono molte. La più diffusa è quella che lo vuole, appunto, contrazione di *al-ilah*; in tal modo si avrebbe la perfetta corrispondenza con la divinità femminile preislamica Allat, considerata la sua «paredra», ovvero la sua compagna. Ad Allah vengono congiunte tre *banat Allah*, letteralmente «figlie di Allah», un'espressione araba che esprimeva solo un rapporto astratto e che significa semplicemente «esseri divini o se-midivini». In quanto però esseri molto vicini a Dio, nei co-siddetti «versetti satanici» Maometto avrebbe chiesto la loro intercessione. Si tratta degli idoli più popolari del pantheon meccano, che nel Corano sono citati anche per nome (LIII, 19-20), cioè Allat, al-'Uzza e Manat. Sono tutti e tre idoli femminili, e qui e altrove Maometto rimprovera ai meccani di avere dato non solo dei «figli», ma addirit-tura delle «figlie» femmine (esseri quindi di grado inferio-re) a Dio. Da ricordare è che tutte le divinità preislamiche erano adorate sotto forma di «betile», ovvero di pietre. L'elezione di Allah a Dio unico e supremo nel pantheon meccano rassomiglia alla designazione nell'antico Egitto, da parte di Akhenaton (1372-1354), faraone della XVIII di-nastia, di Aton, il dio Sole, come unica divinità, abolendo il culto di Amon e degli altri dei. Al punto che oggi gli sto-rici ritengono che quello fu il primo culto monoteista del-la storia. Successivamente gli antichi egizi aderirono sen-za difficoltà al dogma della Trinità cristiana, Padre, Figlio e Spirito Santo, diffuso da san Marco, perché loro già cre-devano nella Trinità tebana, Amon Ra, Madre e Figlio.

La versione islamica di Gesù, Maometto l'ha tratta da una concezione del cristianesimo alquanto superficiale presente nell'Arabia preislamica. Erano infatti diffusi il monofisismo e il docetismo, dottrine eretiche che negava-no l'attribuzione a Gesù della natura umana, sostenendo che egli avesse solo quella divina e che la sua «umanità» fosse solo apparente. Di conseguenza, anche se l'Islam disconosce la natura divina di Gesù il Corano nega la morte di Cristo sulla croce e ritiene che al suo posto ci fosse Giuda, o Pietro, o un fantasma.

Ugualmente la Kaaba esisteva in epoca preislamica come tempio in cui veniva adorato il dio Hubal (termine che in nordarabico significava «il dio»), unitamente ad altre divinità del pantheon preislamico. È ormai provato che in epoca preislamica c'erano in tutta la Penisola Arabica altri edifici simili alla Kaaba, la cui esistenza sembra attestata sin dal II secolo d.C. La Kaaba non fu sempre il centro della pratica religiosa musulmana. Inizialmente la direzione della preghiera era Gerusalemme, la stessa degli ebrei. Dopo un anno e mezzo dall'Egira, l'esodo di Maometto dalla Mecca a Medina nel 622, disperando di riuscire nella sua politica di conquista pacifica degli ebrei di Medina, Maometto proclamò la nuova *qibla*, la direzione della preghiera, verso la Mecca: «E fissammo la qibla che avevi dapprima solo per distinguere chi seguiva il messaggero di Dio da chi se ne allontanava, e questa fu cosa dura salvo che per i ben guidati da Dio» (II, 144). Nel 629, quando fu conquistata la Mecca, Maometto colse l'occasione per eliminare gli elementi pagani e per consacrarla a centro della spiritualità islamica. Vennero distrutte le trecentosessanta statue che conteneva. Già in epoca preislamica la gestione della Kaaba era stata causa di conflitti in quanto fonte di ricchi proventi derivanti dal pellegrinaggio. Con la conquista della Mecca, tutto passò nelle mani della famiglia di Maometto. La Kaaba fu distrutta nel 683 dall'esercito omayyade del califfo Yazid, che fece assediare la Mecca e incendiare la Kaaba con palle infuocate lanciate da catapulte. A seguito di questo attacco, la Pietra nera si spezzò in tre parti. Già ai tempi del Profeta, la Kaaba era stata distrutta da un incendio non doloso. L'edificio cubico che oggi sorge al centro della Grande Moschea della Mecca, e che rappresenta il punto verso cui si rivolgono i musulmani in preghiera ovunque nel mondo, non è quindi quello originario.

Uno dei luoghi comuni diffusi a livello mondiale è che l'islam sarebbe una religione di pace e che sarebbero gli estremisti e i terroristi a diffamarla interpretando arbitrariamente i dettami del Corano. Ebbene, io contesto questa tesi e considero che l'incitazione all'odio e l'istigazione alla violenza siano parte integrante dell'islam dal momento che sono espressamente teorizzate nel Corano. È sufficiente leggere i seguenti versetti, che ho intenzionalmente ripreso dall'edizione italiana a cura di Hamza Roberto Piccardo, con la revisione e il controllo dottrinale dell'Ucoii (Newton Compton, 2002), una versione che non apprezzo affatto per i suoi terrificanti commenti anticristiani, antiebraici, antioccidentali e lesivi della piena dignità della donna e, più in generale, dei diritti fondamentali della persona, ma che purtroppo è la più diffusa nelle moschee d'Italia e, pertanto, quella che maggiormente incide nell'indottrinamento ideologico di quanti la frequentano.

La ricompensa di coloro che fanno la guerra ad Allah e al Suo Messaggero e che seminano la corruzione sulla terra è che siano uccisi o crocifissi, che siano loro tagliate la mano e la gamba da lati opposti o che siano esiliati sulla terra: ecco l'ignominia che li toccherà in questa vita; nell'altra vita avranno castigo immenso. (V, 33)

Quando [in combattimento] incontrate i miscredenti, colpiteli al collo finché non li abbiate soggiogati, poi legateli strettamente. (LXVII, 4)

Combattete coloro che non credono in Allah e nell'Ultimo Giorno, che non vietano quello che Allah e il Suo Messaggero hanno vietato, e quelli, tra la gente della Scrittura, che non scelgono la religione della verità, finché non versino umilmente il tributo, e siano soggiogati. Dicono i giudei: «Esdra è figlio di Allah»; e i nazareni dicono: «Il Messia è figlio di Allah». Questo è ciò che esce dalle loro bocche. Ripetono le parole di quanti già prima di loro furono miscredenti. Li annienti Allah. Quanto sono fuorviati! (IX, 29-30)

Uccideteli ovunque li incontriate, e scacciateli da dove vi hanno scacciati: la persecuzione è peggiore dell'omicidio. Ma non attaccateli vicino alla Santa Moschea, fino a che essi non vi abbiano aggredito. Se vi assalgono, uccideteli. Questa è la ricompensa dei miscredenti. (II, 191)

E quando il tuo Signore ispirò agli angeli: «Invero sono con voi: rafforzate coloro che credono. Getterò il terrore nei cuori dei miscredenti: colpiteli tra capo e collo, colpiteli su tutte le falangi! E ciò avvenne perché si erano separati da Allah e dal Suo Messaggero». Allah è severo nel castigo con chi si separa da Lui e dal Suo Messaggero! Assaggiate questo! I miscredenti avranno il castigo del Fuoco! O voi che credete, quando incontrerete i miscredenti in ordine di battaglia non volgete loro le spalle. Chi in quel giorno volgerà loro le spalle – eccetto il caso di stratagemma per [meglio] combattere o per raggiungere un altro gruppo – incorrerà nella collera di Allah e il suo rifugio sarà l'Inferno. Qual triste rifugio! Non siete certo voi che li avete uccisi: è Allah che li ha uccisi. (VIII, 12-17)

Quando poi siano trascorsi i mesi sacri, uccidete questi associatori ovunque li incontriate, catturateli, assediateli e tendete loro agguati. Se poi si pentono, eseguono l'orazione e pagano la decima, lasciateli andare per la loro strada. Allah è perdonatore, misericordioso. (IX, 5)

Vi è stato ordinato di combattere, anche se non lo gradite. Ebbene, è possibile che abbiate avversione per qualcosa che invece è un bene per voi, e può darsi che amiate una cosa che invece vi è nociva. Allah sa e voi non sapete. (II, 216)

Presto getteremo nel Fuoco coloro che smentiscono i Nostri segni. Ogni volta che la loro pelle sarà consumata, ne daremo loro un'altra, sì che gustino il tormento. In verità Allah è eccelso e saggio. (IV, 56)

Combattano dunque sul sentiero di Allah, coloro che barattano la vita terrena con l'altra. A chi combatte per la causa di Allah, sia ucciso o vittorioso, daremo presto ricompensa immensa. (IV, 74)

Coloro che credono combattono per la causa di Allah, mentre i miscredenti combattono per la causa degli idoli. Combattete gli alleati di Satana. Deboli sono le astuzie di Satana. (IV, 76)

Vorrebbero che foste miscredenti come lo sono loro e allora sareste tutti uguali. Non sceglietevi amici tra loro, finché non emigrano per la causa di Allah. Ma se vi volgono le spalle, allora afferrateli e uccideteli ovunque li troviate. Non sceglietevi tra loro né amici né alleati. (IV, 89)

Quanto a chi rinnega Allah dopo aver creduto – eccetto colui che ne sia costretto, mantenendo serenamente la fede in cuore – e a chi si lascia entrare in petto la miscredenza; su di loro è la collera di Allah e avranno un castigo terribile. (XVI, 106)

Decretammo nella scrittura, contro i figli di Israele: «Per due volte porterete la corruzione sulla terra e sarete manifestamente superbi». Quando si realizzò la prima (delle nostre promesse), mandammo contro di voi servi nostri, di implacabile valore, che penetrarono nelle vostre contrade: la promessa è stata mantenuta. Vi demmo quindi il sopravvento su di loro e vi corroborammo con ricchezze e progenie e facemmo di voi un popolo numeroso. Se fate il bene, lo fate a voi stessi; se fate il male, è a voi stessi che lo fate. Quando poi si realizzò l'ultima promessa i vostri volti furono oscurati ed essi entrarono nel tempio come già erano entrati e distrussero completamente quello che avevano conquistato. Forse il vostro signore vi userà misericordia, ma se persisterete persisteremo. Abbiamo fatto dell'Inferno una prigione per i miscredenti. (XVII, 4-7)

I miscredenti fra i figli di Israele che hanno negato sono stati maledetti dalla lingua di Davide e di Gesù figlio di Maria. Ciò in quanto disobbedivano e trasgredivano e non si vietavano l'un l'altro quello che era nocivo. Quant'era esecrabile quello che facevano! (V, 78-79)

Giudei e nazareni dicono: «Siamo figli di Allah ed i suoi prediletti». Di': «Perché allora vi castiga per i vostri peccati? Sì, non siete che uomini come altri che lui ha creato. Egli perdona a chi vuole e castiga chi vuole». (V, 18)

O voi che credete, non sceglietevi per alleati i giudei e i nazareni, sono alleati gli uni degli altri. E chi li sceglie come alleati è uno di loro. In verità Allah non guida un popolo di ingiusti. (V, 51)

Potrebbe mai Allah guidare sulla retta via genti che rinnegano dopo aver creduto e testimoniato che il Messaggero è veridico e dopo averne avute le prove? Allah non guida coloro che prevaricano. Loro ricompensa sarà la maledizione di Allah, degli angeli e di tutti gli uomini. [Rimarranno in essa] in perpetuo. Il castigo non sarà loro alleviato e non avranno alcuna dilazione. (III, 86-88)

Un classico luogo comune imposto dal «politicamente corretto» è che Maometto sarebbe stato un uomo di pace. Ebbene, è nella stessa Sira, la biografia ufficiale di Maometto di Ibn Ishaq, che costituisce la terza fonte di elaborazione della sharia dopo il Corano e la Sunna, che lo si rappresenta come un uomo violento che ha personalmente decapitato gli ebrei, ucciso i suoi nemici e ordinato il massacro di coloro che non si sottomettevano al suo potere.

Nel 624 si svolse la battaglia di Badr (grande oasi a una ventina di chilometri a nordovest di Medina, vicino alla costa). Maometto venne a sapere che una carovana meccana, guidata da Abu Sufyan, stava rientrando dalla Siria in direzione della Mecca e preparò un'imboscata. Allora disse: «Questa è la carovana dei Coreisciti che contiene i loro averi. Attaccatela, forse Dio ci concederà il bottino». Abu Sufyan, avvertito, chiese aiuto alla Mecca e prese un'altra strada, sfuggendo ai musulmani. Maometto, alla testa dei suoi 220 ausiliari e 80 emigrati, grazie a un'astuta tattica sconfisse l'esercito meccano, composto da circa 1000 guerrieri, che stava sopraggiungendo. Abu Jahl, uno dei capi dell'opposizione, venne ucciso, mentre 70 prigionieri furono rilasciati dietro riscatto. Nella Sira si legge altresì del compiacimento di Maometto nel vedere la testa mozzata di Abu Jahl: «Uomini dei Banu Makhzum affermano che Ibn Masud era solito dire: Mi disse : "Hai fatto strada, pastorello". Poi gli mozzai la testa e la consegnai all'Inviato dicendogli: "Questa è la testa del nemico di Dio, Abu Jahl". Disse: "Per Dio che non ha pari, davvero?". "Sì" risposi e gettai la sua testa innanzi all'Inviato ed egli ringraziò Dio».

L'eco della vittoria fu notevole, tanto da riecheggiare nel testo coranico. Dio ha dato la vittoria grazie a schiere di angeli. La vittoria è la prova della verità della rivelazione coranica: «Ma voi non li uccideste, bensì Dio li uccise e non eri tu a lanciar frecce, bensì Dio le lanciava; e questo per provare i credenti con prova buona, poiché Dio è ascoltatore sapiente. Ecco e Dio annienta le insidie dei Negatori» (VIII, 17-18). Durante la battaglia vennero uccisi 50 meccani.

Nel maggio 2004 Zarqawi, quando decapitò Nick Berg, invocò proprio questa battaglia e pronunciò le seguenti parole: «Non è forse tempo per voi musulmani di prendere la via della Jihad e portare la spada del Profeta dei profeti? ... Il Profeta ha ordinato di mozzare le teste di alcuni prigionieri nella battaglia di Badr e di ucciderli ... e lui è un perfetto esempio per noi».

Maometto approfittò del momento favorevole per concludere alleanze e combattere una delle tribù ebraiche di Medina, i Banu Qaynuqà. I componenti della tribù furono costretti all'esilio verso le oasi ebraiche del Nord, Khaybar e Fadak, portando con sé solo un cammello per famiglia. Gli ebrei, quindi, si allearono in segreto con gli avversari del profeta.

Sempre nella Sira si legge: «L'Inviato disse: "Uccidete tutti gli ebrei che catturate!". Quindi Muhayyisa figlio di Ma'sud assalì Ibn Sunaina, un commerciante ebreo con il quale aveva rapporti sociali e d'affari, e lo uccise. Huwayyisa non era musulmano ai tempi, anche se era il fratello maggiore. Quando Muhayyisa uccise Sunaina, Huwayyisa iniziò a picchiarlo dicendo: "Tu, nemico di Dio, lo hai ucciso quando il grasso della tua pancia proviene dalla sua ricchezza?". Muhayyisa rispose: "Se colui che mi ha ordinato di ucciderlo mi avesse ordinato di uccidere te, ti avrei mozzato la testa". Si disse che questo fu l'inizio dell'accettazione dell'islam da parte di Huwayyisa. L'altro replicò: "Dio mio, se Maometto avesse ordinato di uccidermi, tu l'avresti fatto?". Muhayyisa disse: "Sì, se mi avesse ordinato di mozzarti la testa, l'avrei fatto". Allora Huwayyisa esclamò: "Una religione che può fare tutto ciò deve essere meravigliosa!", e si convertì».

Nel 625, con la battaglia di Uhud, i meccani si prefissero di annientare il «covo di pirati» che ne metteva a repentaglio il commercio e si diressero quindi verso Medina con un esercito di circa 3000 uomini. I musulmani non seguirono il consiglio di Maometto di rifugiarsi e nascondersi per cogliere di sorpresa i meccani. Inorgogliti dal successo di Badr, avanzarono scoperti e vennero sbaragliati dai meccani ai piedi della collina di Uhud, quattro chilometri a nord di Medina. Hamza, zio del Profeta e valoroso combattente, venne ucciso, e Maometto stesso fu ferito alla mascella e dato per morto. Quando vide Hamza morto, la Sira narra che «Maometto disse: "Se Dio mi concederà la vittoria sui Coreisciti, mutilerò trenta loro uomini". I musulmani, al vedere il dolore e la rabbia di Maometto contro coloro che avevano ucciso suo zio, dissero: "Dio mio, se Dio ci concederà la vittoria, li mutileremo come nessun arabo ha mai mutilato"». Maometto riuscì comunque a riunire i sopravvissuti, mentre i vincitori rientrarono alla Mecca. Ci furono 22 morti.

L'apice delle atrocità si ebbe dopo la battaglia del Fossato, nel 627, quando Maometto attaccò l'ultima tribù ebraica rimasta a Medina, i Banu Quraiza. Dopo un assedio di venticinque giorni, si arresero. Alla fine furono uccisi tra i 600 e i 700 maschi, mentre le donne e i bambini furono fatti schiavi. Nella Sira e nel *Sahih Bukhari*, raccolta di detti del Profeta e altra fonte principale della tradizione, si hanno dettagli precisi sull'accaduto. Dopo la battaglia del Fossato, Maometto suggerì che fosse Sa'd ibn Mu'adh, un loro precedente alleato, a dare un verdetto sui Banu Quraiza, e gli ebrei acconsentirono. Il verdetto di Sa'd, che era stato gravemente ferito nella precedente battaglia dei Confederati, fu che «tutti gli uomini abili appartenenti alla tribù siano uccisi, che le donne e i bambini vengano presi prigionieri e che le loro ricchezze siano divise tra i guerrieri musulmani» (*Sahih Bukhari*, vol. IV, libro 52, n. 280). Maometto «accettò il suo giudizio dicendo che Sa'd aveva giudicato con il Comando di Dio».

Nella *Sunan Abu-Dawud* (altro testo della tradizione islamica, libro 38, n. 4390), a conferma del massacro di tutti gli ebrei adulti di sesso maschile, si legge: «Narrato da Atiyyah al-Qurazi: Ero tra i prigionieri dei Banu Quraiza. I Compagni del Profeta ci esaminarono, e coloro cui avevano cominciato a crescere peli (pubici) furono uccisi, e coloro che non ne avevano non furono uccisi. Io ero tra coloro cui non erano cresciuti peli». Sempre riguardo agli ebrei, nel *Sahih Bukhari* (vol. IV, libro 52, n. 176) si legge: «Narrato da 'Abdallah ibn 'Umar: L'Inviato di Dio disse: "Voi combatterete con gli ebrei fino a quando alcuni di loro si nasconderanno dietro le pietre. Le pietre (li tradiranno) dicendo: "O 'Abdullah! C'è un ebreo che si nasconde dietro di me, uccidilo"». Nella *Sunan Abu-Dawud* (libro 14, n. 2665) si narra dell'uccisione dell'unica donna ebrea: «Ha narrato Aisha, la madre dei credenti: Nessuna donna dei Banu Quraiza venne uccisa, tranne una. Era con me, parlava e rideva a crepapelle, mentre l'Inviato di Dio uccideva la sua gente con le spade. Improvvisamente un uomo la chiamò: Dov'è il tal dei tali? Chiesi: Che hai? Rispose: Ho compiuto un nuovo gesto. Allora l'uomo la prese e la decapitò».

Sul fatto che fu il Profeta a decapitare i Banu Quraiza, la Sira narra: «Poi [i Banu Quraiza] si arresero e l'Inviato li rinchiuse a Medina nel quartiere della figlia di Harith, una donna dei Banu Najjar. Poi l'Inviato uscì nel mercato di Medina e vi scavò dei fossati. Poi li mandò a prendere e li decapitò in quei fossati. ... Erano 600 o 700 in tutto, anche se alcuni parlano di 800 o 900. Mentre venivano portati a gruppi dall'Inviato chiedevano a Kaab che cosa ne sarebbe stato di loro. Rispose: "Non lo avete capito? Non vedete che lui continua a chiamare e nessuno torna indietro? Per Dio è morte!". Questo continuò fino a che non ebbe finito con tutti loro».

Un altro luogo comune è che la diffusione e l'affermazione dell'islam nel mondo avvenne pacificamente. Sono i fatti storici ad attestare l'esatto contrario. La storia dell'islam è piena di orrori e di massacri perpetrati da musulmani principalmente ai danni degli stessi musulmani. Cominciando dall'assassinio di ben tre dei quattro successori di Maometto, i cosiddetti «califfi ben guidati», per mano di altri musulmani. Da rilevare che due di questi tre omicidi eccellenti avvennero in moschea, a testimonianza del fatto che sin dagli esordi dell'islam la connotazione ideologica della moschea prevale su quella squisitamente religiosa. Omar, che governò dal 634 al 644 succedendo al primo califfo Abu Bakr, fu ferito a morte da uno schiavo persiano; Othman (644-656) venne ucciso mentre stava pregando in moschea; Ali (656-661), cugino e genero di Maometto, promotore dello scisma, fu pugnalato nella moschea di Kufa da un ribelle kharigita. Assassinati furono anche i due figli di Ali, Al Hasan e Al Husayn.

La successiva nascita, a opera del quinto califfo Mu'awiya (661-680), del primo impero islamico omayyade (661-750) con capitale Damasco, consacrò la supremazia della politica sulla religione, la preminenza dello Stato sulla fede. I vari califfati hanno fatto riferimento all'islam per imporre e salvaguardare il loro potere politico, tant'è vero che il passaggio della guida dell'impero da una dinastia all'altra avvenne tramite guerre e spargimento di sangue, musulmani contro musulmani.

Quando nel 694, all'epoca del califfo omayyade Abdel Malik, il condottiero Al Haggiag ibn Youssef Al Saqafi, che ripristinò l'ordine tra la popolazione ribelle nel territorio dell'attuale Iraq, giunse ad Al Kufa, dal pulpito della moschea tuonò ai fedeli: «O gente dell'Iraq, o gente della discordia e dell'ipocrisia, scorgo tra voi molte teste mature per cadere ed è giunta l'ora di mozzarle! Io sono l'uomo che le mozzerà! Vedo già tracce di sangue tra i vostri capelli e le vostre barbe!». In effetti, Al Haggiag si è conquistato la fama di guerriero sanguinario, rendendosi responsabile del massacro di 120.000 persone residenti tra l'Iraq e la Persia.

Quando Abu Al Abbas as-Saffah, letteralmente «il sanguinario», fondò la dinastia abbaside (661-750) con capitale Baghdad, fece strage dei reggenti omayyadi e, in un eccesso di odio, profanò le tombe dei califfi della stessa dinastia: le loro spoglie furono esumate e flagellate.

Dal canto loro, nel 1806 i fanatici della setta wahhabita predominante in Arabia Saudita, nel loro zelo contro il culto dei morti, dei santi e dei pellegrinaggi, giunsero a distruggere la stessa Kaaba. La dottrina wahhabita afferma che tutti gli atti di adorazione rivolti a entità diverse da Allah sono falsi e rendono i loro autori meritevoli di morte; coloro che si professano monoteisti, in realtà – per la maggior parte – non lo sono affatto, perché si affidano a intermediari nelle loro relazioni con Dio: tipico esempio è il culto dei santi. Così, sono manifestazioni di politeismo introdurre il nome di un profeta, di un santo o di un angelo nella preghiera, oppure fare un voto a qualcuno che non sia Dio. Manifestazione davvero eccessiva del rigore monoteista dei wahhabiti fu l'assalto e la distruzione nel 1802, a Karbala (città santa sciita), della tomba di Husayn, figlio del quarto califfo Ali e nipote del Profeta. Qui, secondo Uthman ibn Bishr, storico wahhabita, i wahhabiti «scalarono le mura, entrarono nella città e uccisero la maggior parte delle persone nel mercato e nelle loro case». Distrussero la cupola del mausoleo di Husayn e presero come bottino tutto quel che vi trovarono dentro.

La storia dell'islam è contrassegnata da una lunga scia di sangue che, nel nostro mondo globalizzato, ha finito per trasformare il terrorismo islamico nella principale emergenza internazionale sul piano della sicurezza. Negli anni Novanta i terroristi islamici del Gia (Gruppo islamico armato) e del Gspc (Gruppo salafita per la predicazione e il combattimento) massacrarono circa 200.000 algerini, in maggioranza musulmani, condannati indiscriminatamente a morte quali apostati per il semplice fatto che si riconoscevano in un regime «ateo» e non si sottomettevano al loro potere teocratico e oscurantista. Al mio arrivo ad Algeri, il 15 settembre 1998, si consumò una nuova orrenda strage a Sidi Sbaa, una baraccopoli di 92 prefabbricati nella provincia di Ain Defla, centotrenta chilometri a sudovest di Algeri. I poliziotti individuarono 37 cadaveri barbaramente mutilati, seni tranciati di netto con coltelli affilati, bastoni conficcati nelle parti intime di donne e uomini in segno di supremo sfregio e, tra le vittime del massacro, c'erano anche 9 bambini. Diversi cadaveri erano carbonizzati e il terreno intriso di sangue, a testimonianza dell'atroce morte per sgozzamento di gran parte delle vittime. Era il marchio della ferocia che da anni contraddistingueva le stragi di civili innocenti da parte dei terroristi del Gia, quasi a legittimare il massacro indiscriminato di uomini, donne, bambini e anziani.

L'elenco delle stragi efferate di musulmani «apostati» in Algeria è terrificante. Alla vigilia del Capodanno del 1998 i terroristi del Gia massacrarono a Relizane, in una sola notte, 412 persone, lasciando sul terreno il loro armamento di morte: asce, spade, coltelli, taniche di benzina. In quanto apostati, non hanno diritto di vivere su questa terra né tantomeno di entrare nel Paradiso di Allah. Ecco perché diventa prioritario decapitare, mutilare, smembrare e incenerire i loro corpi. In tal modo se ne rende impossibile il ricongiungimento nel Giorno del Giudizio, un appuntamento che i fanatici di Allah negano alle loro vittime. L'integrità dei corpi, infatti, è considerata un requisito indispensabile per poter accedere in Paradiso e godere delle prerogative riservate ai pii fedeli: un Paradiso dove ci si nutre da fiumi sempre pieni di latte e miele, e dove gli uomini si deliziano con giovani donne eternamente vergini.

Il 13 ottobre 2000 andai a far visita, nella sua casa poco fuori Gerusalemme, lungo la strada per Ramallah, al Gran Mufti di Gerusalemme, lo sheikh Ekrime Said Sabri, massima autorità islamica dei palestinesi. Gli chiesi: «Lei è favorevole alle azioni suicide contro gli israeliani?». Mi rispose: «Che io sia favorevole o meno non cambierebbe la realtà. Quando il popolo è esasperato, non dà retta a nessuno. Se ha deciso di compiere delle azioni di martirio, non lo ferma nessuno». Lo incalzai: «Ma lei, in quanto dotto dell'islam, ci può dire qual è il suo giudizio legale sulle azioni di martirio basato sulla sharia?». Ecco la sua replica: «Sì, sono legittime. È legittimo tutto ciò che serve a riscattare i nostri diritti usurpati».

Mi aveva colpito la storia del terrorista suicida palestinese, che il 3 marzo 1996 si fece esplodere alle 6.25 sull'autobus numero 18 a Gerusalemme provocando il massacro di 18 innocenti passeggeri. Era stato indottrinato e aveva subìto un lavaggio di cervello all'interno della moschea, dove l'imam recitava versetti coranici ed esortava a seguire l'esempio di vita di Maometto. L'attentatore suicida aveva 24 anni, risiedeva a Hebron, era uno studente modello all'Università di Bir Zeit e militava nelle file di Hamas. Dopo la strage di 29 fedeli palestinesi all'interno della Tomba dei Patriarchi il 25 febbraio 1994, egli si convertì al radicalismo islamico. Partecipò a corsi di addestramento militare e all'uso di esplosivi in campi segreti. Si recava in moschea cinque volte al giorno per pregare e vi si intratteneva a lungo anche dopo, per ascoltare gli imam e discutere con loro. Questi introducevano i loro sermoni con il versetto 283 della Sura coranica della Vacca, che impone l'obbligo della *shahada*, termine con cui in arabo viene intesa sia la testimonianza di fede sia il martirio: «Non celate la testimonianza di fede (o il martirio), chi si comporta così ha veramente un cuore di peccatore. E Allah conosce tutto ciò che voi fate».

A sostegno della sacralità del martirio, gli imam integralisti citavano alcuni detti attribuiti a Maometto, secondo cui al martire vengono automaticamente spalancate le porte del Paradiso di Allah, dove godrà della felicità eterna in compagnia di 72 mogli vergini. Per contro, dal pulpito delle moschee avevano interdetto con una serie di fatwe qualsiasi rapporto con Israele. L'aspirante terrorista suicida, per esempio, aveva imparato dagli imam che è *haram*, legalmente proibito, stringere la mano a un israeliano o acquistare merci israeliane. Partecipò alle manifestazioni di protesta indette da Hamas indossando il sudario con cui i musulmani avvolgono il cadavere prima di seppellirlo, considerandosi un «martire vivente». Furono i burattinai di Hamas a decidere quando farlo esplodere come «bomba umana». La preparazione all'efferato crimine del suicidio-omicidio viene effettuata in modo da far credere agli aspiranti terroristi suicidi di essere dei prescelti e che per loro è un onore: «Alcuni aspiranti martiri sono motivati dalle emozioni, ma noi diffidiamo» spiegò all'epoca uno dei dirigenti militari di Hamas. «Siamo noi a scegliere il martire da immolare. Se, per esempio, durante l'addestramento in vista dell'attentato suicida, ci rendiamo conto che il candidato è teso o ha paura, lo scartiamo subito. Non possiamo correre il rischio che, all'ultimo istante, rinunci a un'operazione scrupolosamente preparata.»

Qualche giorno prima dell'attentato, l'aspirante terrorista suicida era scomparso nel nulla. Forse era andato in incognito nelle abitazioni di Ibrahim al Sarahneh, 25 anni, e Majdi Abu Wardeh, 19 anni, i due terroristi di Hamas che si erano immolati una settimana prima di lui a Gerusalemme e ad Ashkelon provocando la morte di 28 israeliani. Alla porta d'ingresso i loro parenti avevano affisso un cartello: «Non accettiamo condoglianze ma solo congratulazioni». Forse aveva partecipato alla veglia in onore dei due giovani «martiri», durante la quale furono offerti, in segno di giubilo, dolci, bevande fresche e caffè zuccherato, non quello amaro delle veglie funebri. Lì il suo desiderio di martirio si era consolidato. Fu così definitivamente promosso a «bomba umana». Poche ore prima dell'attentato scrisse di proprio pugno una lettera ai familiari: «È per me un onore essere stato scelto come *shahid*, martire. Questo è un giorno di festa. Vado a bussare alle porte del Paradiso con i teschi dei sionisti». Fu portato sul luogo del suo «martirio» soltanto pochi minuti prima di salire sull'autobus giacché, hanno spiegato i burattinai di Hamas, «il candidato-martire deve arrivare sul luogo dell'attentato all'ultimo istante perché, se si trattenesse a lungo e malauguratamente dovesse incontrare un parente o un amico, potrebbe essere preso dall'angoscia e l'addestramento andrebbe in fumo».

Mi ha colpito, per il riferimento a Maometto, un attentato terroristico avvenuto nel dicembre 1999, quando un commando di cinque uomini legati a Maulana Masood Azhar, un pachistano che si batte per l'indipendenza del Kashmir e che è stato arrestato in India, dirottò un aereo indiano. Sulla vicenda intervistai telefonicamente lo sheikh Abu Hamza, fondatore del gruppo Ansar al sharia (Sostenitori della legge islamica), un veterano della guerra dei mujahidin in Afghanistan, dove ha perso un occhio ed entrambe le braccia mentre maneggiava un grosso quantitativo di esplosivo.

Egiziano, laureato in Ingegneria, dirigeva le operazioni logistiche dei mujahidin afghani. Residente in Gran Bretagna, dove ha ottenuto la cittadinanza, fino al 2005 organizzava campi di addestramento militare alla Jihad per giovani musulmani britannici ed europei che andavano a combattere nel Kashmir, in Cecenia, nel Dagestan, in Afghanistan. Questo fu il suo responso: «L'azione del commando che ha dirottato l'aereo indiano è avvenuta nel più scrupoloso rispetto dei precetti e della consuetudine religiosa e militare dell'islam. Così come il profeta Maometto, alla vigilia della sua morte nel 632, affidò il comando dell'esercito a Osama ibn Zayed ibn Harisa quando aveva soltanto 18 anni per sfruttare il suo legittimo desiderio di vendicare il padre ucciso, oggi a capo del commando dei dirottatori c'è il fratello minore del leader islamico Maulana Masood Azhar, ingiustamente incarcerato in India. E da un punto di vista militare i membri del commando sono professionisti addestrati al sequestro degli aerei da specialisti americani e britannici convertiti all'Islam che operano in Afghanistan. Questi fratelli credono nella Jihad e nella shahada. Non si arrenderanno mai». Da quando Maometto scelse come «emiro», o capo dell'esercito, Osama ibn Zayd, gli *ulema*, i dottori della legge, hanno autorizzato la «vendetta legittima», che consente di sfruttare la volontà di farsi giustizia per conseguire obiettivi leciti nell'islam.

Tornando alle guerre intraprese da Maometto e dai suoi seguaci, mi limiterò a citare dati e nomi che appartengono alla storia. Nel 629 si svolse la battaglia di Mut'a, a est del fiume Giordano, tra una spedizione di musulmani e un esercito dell'impero bizantino. Alcuni storici moderni considerano questa battaglia un infelice tentativo di conquistare gli arabi della sponda orientale del Giordano. A questa battaglia partecipò il celebre condottiero delle conquiste arabe Khalid ibn al-Walid, che, secondo quanto riportato dalle fonti, pare abbia usato nove spade e da quel giorno venne soprannominato la «Spada di Dio».

Dopo la morte di Maometto, durante il califfato di Abu Bakr vennero combattute le cosiddette «guerre dell'Apostasia», ovvero una serie di campagne militari contro le tribù arabe che si erano ribellate contro il nuovo califfo. Queste sommosse non avevano nulla a che fare con l'aspetto religioso, bensì con quello politico. Le tribù sottomesse vennero inviate da Abu Bakr a conquistare territori oltre confine. In Iraq – termine con il quale si indicava un territorio più limitato dell'attuale Iraq, in quanto costituito solamente dalla parte meridionale del corso del Tigri e dell'Eufrate – si ebbe il primo successo grazie a una tribù che viveva ai confini con questa regione, in seguito rafforzata dalle truppe al comando di Khalid ibn al-Walid.

Le tribù che si erano sempre combattute tra loro vennero pacificate e agli ordini di generali higiazeni avanzarono senza remore oltre i confini della Penisola Arabica. Le guerre arabo-bizantine, sotto i califfi «ben guidati» e quelli omayyadi, portarono alla conquista della Siria, dell'Egitto, delle altre regioni del Nord Africa e dell'Armenia. Dal 633 al 651 avvenne la conquista della Persia. Importante fu la vittoria di Qadisiyya nel 636, nei pressi di Najaf, a seguito della quale i musulmani ottennero il controllo sull'intero Iraq e ben presto raggiunsero anche Ctesifonte, capitale invernale dei Sasanidi. Ma la battaglia decisiva fu quella di Nihavand, a sudovest di Hamadhan. Dopo questa sconfitta i persiani furono di fatto incapaci di opporre effettiva resistenza e fu definitivamente deciso il destino dell'impero persiano.

Mentre si stava ancora svolgendo la campagna in Iraq, i musulmani attaccarono la Siria e la Palestina: due colonne di arabi entrarono in Transgiordania, mentre una colonna, guidata da 'Amr ibn al-'As, entrò nella Palestina sudorientale. Il califfo Abu Bakr aveva richiamato Khalid ibn al-Walid in Siria per far fronte all'esercito dell'imperatore Eraclio. Il suo arrivo fu provvidenziale: sconfisse Eraclio in una serie di battaglie e nel settembre 635 occupò Damasco. Eraclio, però, raccolse un esercito ancor più numeroso e aguerrito, e i musulmani furono fatti arretrare sino allo Yarmuk, affluente del Giordano. Il 15 agosto 636 questo fiume fu lo scenario di una battaglia che ebbe come conseguenza la caduta della Siria in mano musulmana. Le vittime nelle file nemiche sono stimate intorno alle 50.000.

Nelle successive operazioni in Palestina si segnalano due episodi di notevole importanza: la conquista di Gerusalemme (638) e quella di Cesarea (641). Ai cristiani venne garantita protezione e libertà di culto dietro pagamento di una tassa (*dhimma*). L'avanzata a nord venne fermata dall'inaccessibilità dei monti nel Libano settentrionale, ma a oriente continuò. Nel 639-641 avvenne la conquista della Gazira (attuale Iraq centro-settentrionale). Nel 640-643, quella dell'Armenia.

A sud, il generale 'Amr ibn al-'As, quando marciò sull'Egitto, non si sa se con o senza l'autorizzazione di Omar, non si diresse direttamente verso la capitale, Alessandria, ma nel deserto, verso il Fayyum (oasi a sud dell'attuale Cairo). Dopo aver saccheggiato la zona, sconfisse l'esercito bizantino, i cui membri vennero tutti uccisi, presso Heliopolis (luglio 640). Il patriarca Ciro, che era anche governatore civile, considerata la difficoltà della situazione si recò a Bisanzio per chiedere l'autorizzazione a siglare la pace, ma l'imperatore Eraclio lo considerò un traditore. Solo dopo la morte di Eraclio nel febbraio 641 fu conclusa la pace (aprile 641), che previde per i bizantini condizioni severe.

Nel frattempo erano iniziate le razzie lungo tutta la costa africana, la Pentapoli (Cirenaica) fu più o meno interamente attraversata, ma solo nel 647 l'esercito del patrizio Gregorio venne sconfitto a Sbeitla (Tunisia). Neppure questa vittoria permise ai musulmani di avere il controllo sul Nord Africa bizantino e per timore di un contrattacco si ritirarono. L'Ifriqiya – corrispondente all'attuale Maghreb – fu conquistata a danno dei berberi e nel 670 venne fondata la città-accampamento di Qayrawan, a conferma della volontà di convertire la zona all'islam, e creata una potente flotta da guerra che compiva razzie a Cipro e in

Sicilia. Nel 672 il califfo omayyade Mu'awiya ritenne giunto il momento di muovere contro Bisanzio. Nel 674 attaccò la città per mare e per terra, ma la doppia cerchia di mura di cui era munita e le tecniche difensive dei bizantini fermarono gli arabi. Dopo tre anni, l'assedio fu tolto. Nel 711-718 ci fu la conquista della Spagna. Nel 717-718 il secondo assedio di Costantinopoli. Nell'827 la conquista della Sicilia.

Tutte queste sono state guerre e massacri perpetrati nel nome di Allah. Combattuti e compiuti con la spada e con le bombe, violando il bene della vita, altrui e proprio. Eppure, oggi non si può dire che l'islam si è diffuso tramite le guerre e la violenza. Per quelle coincidenze apparentemente fortuite ma che racchiudono chissà come un segno del destino, la morte di Oriana Fallaci il 15 settembre 2006 coincise con l'esplosione della nuova «guerra santa» islamica scatenata contro Benedetto XVI, che aveva osato alludere alla natura violenta dell'islam citando l'imperatore bizantino Manuele II Paleologo.

È stata una delle ultime, tragiche testimonianze della veridicità della denuncia, sonora e inappellabile, dell'incompatibilità di questo islam e di questi musulmani con la civiltà e l'umanità dell'Occidente. Che Oriana aveva assunto come fede e missione da diffondere ovunque nel mondo nell'ultima fase della sua esistenza terrena profondamente segnata dal trauma dell'11 settembre, vissuto in prima persona dalla sua abitazione newyorkese. E che nel giorno dell'addio si confermò come un dato di fatto con cui, piaccia o meno, tutti noi dobbiamo fare i conti. È come se una misteriosa giustizia trascendente avesse voluto premiarla – lei, che si professava atea di cultura cristiana – con un'onorificenza imperitura, riscattando in extremis il suo messaggio dalla pesante cappa di diffamazione e condanna sotto cui giaceva, per presentarcelo in una luce a tal punto fulgida da disarmare e mettere fuori gioco tutti i suoi critici e oppositori.

Perché oggi più che mai possiamo toccare con mano la realtà dell'Eurabia, contro cui si era lungamente spesa Oriana, ovvero di un'Europa a tal punto infiltrata e soggiogata dagli interessi e dall'avanzata degli estremisti islamici da non essere più in grado di risollevarsi, di reagire, di affermare i propri valori e la propria identità collettiva. Perché oggi più che mai appare con grande evidenza la fragilità, per non dire l'inconsistenza, del mito dell'islam e dei musulmani «moderati», una realtà che evapora e si dissolve nel momento in cui i «duri e puri» suonano la chiamata alle armi per combattere il nemico di turno dell'islam, compattando un fronte che nel suo apparente monolitismo non lascia spazio alcuno alla distinzione tra le posizioni degli uni e degli altri.

La storia riconoscerà a Oriana il merito di aver avuto ragione nella sua denuncia della radice del male del nostro secolo, un islam che emerge come intrinsecamente violento nel momento in cui si tende ad applicarlo alla lettera sulla base del Corano, della Sunna e della Sira. Tuttavia, mentre la diagnosi di Oriana è condivisibile, la sua terapia mi lascia comunque perplesso. Perché, quando si passa dall'islam ai musulmani, ritengo che sarebbe un errore pervenire alla criminalizzazione di 1 miliardo 300 milioni di persone che, pur in contesti assai diversi, si definiscono musulmani. Sono convinto che abbiamo il sacrosanto diritto di criticare e condannare l'islam in quanto religione incompatibile con i diritti fondamenti della persona e i valori che sostanziano l'essenza della nostra umanità, ma abbiamo il sacrosanto dovere cristiano e umano di rispettare e dialogare costruttivamente con tutti i musulmani che condividono in partenza i valori non negoziabili e il traguardo di una comune civiltà dell'uomo.

Arrivò anche il momento della cresima, la celebrazione della confermazione. Prima il Santo Padre ha invocato: «Fratelli e figli carissimi, preghiamo Dio Onnipotente perché effonda su questi neofiti lo Spirito Santo, che li confermi con la ricchezza dei suoi doni, e con l'unzione crismale li renda pienamente conformi a Cristo, suo unico Figlio». Quindi il papa ha imposto le mani su di me, dicendo: «Dio Onnipotente, Padre del Signore nostro Gesù Cristo, che hai rigenerato questi tuoi figli dall'acqua e dallo Spirito Santo liberandoli dal peccato, infondi in loro il tuo Santo Spirito Paraclito: spirito di sapienza e di intelletto, spirito di consiglio e di fortezza, spirito di scienza e di pietà, e riempili dello spirito del tuo santo timore. Per Cristo nostro Signore». E insieme al segno della croce con l'olio benedetto del sacro crisma misto a profumo, il Santo Padre ha invocato: «Ricevi il sigillo dello Spirito Santo che ti è dato in dono». E io ho risposto: «Amen».

Adesso che sono cristiano, vi confesso che non vedo l'ora in cui smetterò del tutto di pensare e di parlare di islam. Basta islam! Non intendo in alcun modo, Dio me ne scampi, trascorrere il resto della mia vita ingabbiato nella divisa ideologica di «ex musulmano». Non ci penso neppure lontanamente a iscrivermi a gruppi, così come ce ne sono in Gran Bretagna, Francia, Olanda e altrove in Occidente, di ex musulmani che quasi si vantano e si sentono inorgogliti dall'essere individuati come fuggiaschi dall'islam, addirittura costituendo associazioni di «apostati dell'islam», come se si trattasse di una nuova identità o, peggio ancora, di uno status da strumentalizzare per farsi pubblicità o per lucrare. Non è affatto mia intenzione sprecare la mia vita occupandomi di una religione che ho rinnegato. All'opposto, voglio immergermi sempre più nella conoscenza e nella condivisione della fede in Gesù. Sono consapevole che ci vorrà un po' di tempo, e mi impegnerò affinché sia il più breve possibile, per liberarmi da un insieme di automatismi mentali e comportamentali che hanno accompagnato la mia lunga esperienza esistenziale da musulmano. Ora sono orgoglioso di essere pienamente e incondizionatamente cristiano cattolico, di cittadinanza italiana, partecipe e difensore della civiltà occidentale. Da cristiano, pur rinnegando totalmente e pubblicamente l'islam quale reli-

gione, sarò sempre disponibile nei confronti dei musulmani che rispettano e condividono i valori non negoziabili che sostanziano l'essenza della nostra umanità. Dico no
all'islam e, al tempo stesso, dico sì ai musulmani di buona
volontà. La mia mente sarà sempre aperta e il mio cuore
sarà sempre pronto ad accogliere tutti i fratelli che, amando il prossimo, credono nella Verità, nella Vita e nella Libertà. Ciò è quanto mi insegna il cristianesimo.

Grazie Gesù.

# III

## La mia prima comunione

*Grazie Gesù. È un dono divino l'essere sempre stato uno spirito libero. Proprio questa libertà intellettuale, a cui fa da sponda una radicata rigorosità etica, è ciò che ha gradualmente fatto maturare in me il convincimento che la tua Verità corrisponda pienamente al contesto ideale al cui interno possono naturalmente convivere i valori inalienabili e inviolabili che rappresentano l'essenza della nostra umanità. Fortificato dalla fede in te, continuerò a essere ancor di più uno spirito libero. E non potrebbe essere diversamente, visto che proprio dal tuo vicario, Benedetto XVI, ho imparato che l'uso della ragione e l'adozione di parametri valutativi e critici costituiscono la condizione imprescindibile per accertare la fondatezza della bontà di una religione autentica e per perseguire quella Verità che coniughi l'oggettività, l'assolutezza e l'universalità del pensiero laico con la trascendenza propria della fede in Dio.*

Dopo aver ricevuto il battesimo e la cresima, mi accingevo a partecipare per la prima volta da cristiano alla liturgia eucaristica. Insieme al giovane studente universitario Nandjou Dongmeza Fredy Intelligent ho portato al papa le offerte per il sacrificio, il pane e il vino, gli elementi eucaristici che, insieme all'acqua e in virtù dell'invocazione allo Spirito Santo, si trasformano nel corpo e nel sangue di Gesù. Sono doni che simboleggiano il frutto del lavoro dell'uomo sulla terra e che il Signore ci restituisce con il suo corpo e il suo sangue. Che brivido ho avvertito dentro di me nel momento in cui mi sono alzato dalla sedia per dirigermi verso l'altare! Al punto che, quando mi sono inginocchiato al cospetto del Santo Padre nell'atto di porgergli i doni, che lui ha benedetto, non riuscivo più a contenere le mie emozioni e mi sono ritrovato a ripetere: «Grazie Sua Santità».

Benedetto XVI mi ha fissato intensamente con uno sguardo calmo e sorridente. Forse con quello sguardo voleva tranquillizzarmi trasmettendomi la piena condivisione della mia scelta di fede e la partecipazione personale alla mia immensa gioia interiore. Probabilmente per favorire la distensione degli animi nel corso dei pochi attimi in cui ci siamo ritrovati faccia a faccia, ma che a me parevano un'eternità, egli si è rivolto al giovane studente neoconvertito chiedendogli di quale paese fosse e, poi, se parlasse l'inglese o il francese, al che lui rispose che la sua lingua madre era il francese. Questa straordinaria capacità del papa di mantenere sempre viva la dimensione del rapporto personale e fraterno, anche in un momento speciale come quello dell'eucaristia, esprime indubbiamente la sua grande umanità.

Eravamo giunti all'evento fondante della cristianità, la comunione dei fedeli in Cristo. «Padre veramente santo, a te la lode da ogni creatura. Per mezzo di Gesù Cristo, tuo Figlio e nostro Signore, nella potenza dello Spirito Santo fai vivere e santifichi l'universo, e continui a radunare intorno a te un popolo, che da un confine all'altro della terra offra al tuo nome il sacrificio perfetto.» Il Santo Padre proseguì con l'invocazione dello Spirito Santo affinché consacrasse i doni che gli avevamo dato: «Ora ti preghiamo umilmente: manda il tuo Spirito a santificare i doni che ti offriamo, perché diventino il Corpo e il Sangue di Gesù Cristo, tuo Figlio e nostro Signore, che ci ha comandato di celebrare questi misteri».

Meno male che c'era un validissimo cerimoniere, monsignor Giulio Viviani, della diocesi di Trento, che mi ha seguito come un'ombra ricordandomi man mano le parole e i gesti che, più ci addentravamo nella cerimonia religiosa, più tendevo a dimenticare, in preda all'emozione. A un certo punto mi sono sentito come un neonato incapace di camminare con le proprie gambe senza l'aiuto di un adulto. Monsignor Viviani è stato bravissimo nel riuscire a mettere a proprio agio tutti noi, intuendo sia la trepidazione interiore sia lo smarrimento che si prova, alla presenza del papa, in un ambiente così solenne, affollato delle alte gerarchie della Chiesa e di una moltitudine di fedeli accorsi per condividere la festa dei nuovi battezzati.

Tornato a sedere, ho ascoltato per la prima volta da cristiano il racconto dell'istituzione del sacramento eucaristico: «Nella notte in cui fu tradito, egli prese il pane, ti rese grazie con la preghiera di benedizione, lo spezzò, lo diede ai suoi discepoli, e disse: Prendete, e mangiatene tutti, questo è il mio Corpo offerto in sacrificio per voi». In ginocchio mi sono immerso nella meditazione che preannunciava la mia prima comunione. Il Santo Padre presentò ai fedeli l'ostia consacrata e si inginocchiò in adorazione. «Dopo la cena, allo stesso modo, prese il calice, ti rese grazie con la preghiera di benedizione, lo diede ai suoi discepoli, e disse: Prendete, e bevetene tutti, questo è il calice del mio Sangue per la nuova ed eterna alleanza, versato per voi e per tutti in remissione dei peccati. Fate questo in memoria di me». Il Santo Padre presentò ai fedeli il calice e si inginocchiò in adorazione.

Dove sta la «nuova ed eterna alleanza»? Mi sono domandato se oggi la cristianità corrisponda alla verità di Gesù, insita nel dono della sua vita per fare di noi i testimoni della sua Verità. Mi tornò alla mente l'incontro che avevo avuto nel pomeriggio della domenica precedente la Santa Pasqua con il direttore del «Corriere della Sera», Paolo Mieli, nel suo ufficio romano, dopo avergli doverosamente anticipato l'evento della mia conversione. Dopo avermi ascoltato, la prima domanda che mi rivolse fu: «Ma ora non sarai condannato a morte? Sì, è vero, hai già ricevuto altre condanne a morte. Ma capisci che questa volta è diverso. È molto più grave. Perché si tratta dell'apostasia». La mia risposta fu immediata e netta: «Hai perfettamente ragione. So a cosa vado incontro. Ma affronterò la mia sorte a testa alta, con la schiena dritta e con la solidità interiore di chi ha la certezza della propria fede. E lo sarò ancor di più dopo il gesto storico e coraggioso del papa che, sin dal primo istante in cui è venuto a conoscenza del mio desiderio, ha accettato di impartirmi di persona i sacramenti d'iniziazione al cristianesimo. Sua Santità ha lanciato un messaggio esplicito e rivoluzionario a una Chiesa che finora è stata fin troppo prudente nella conversione dei musulmani, astenendosi dal fare proselitismo nei paesi a maggioranza islamica e tacendo sulla realtà dei convertiti nei paesi cristiani. Per paura, la paura di non poter tutelare i convertiti di fronte alla loro condanna a morte per apostasia e la paura delle rappresaglie nei confronti dei cristiani residenti nei paesi islamici. Ebbene, oggi Benedetto XVI, con la sua testimonianza, ci dice che bisogna vincere la paura e non avere alcun timore nell'affermare la verità di Gesù anche con i musulmani».

Nella lettera al direttore pubblicata sul «Corriere della Sera» il giorno di Pasqua, aggiunsi che il mio gesto si inseriva anche nella ferma e solida testimonianza del diritto alla libertà di fede:

> Dico che è ora di porre fine all'arbitrio e alla violenza dei musulmani che non rispettano la libertà di scelta religiosa. In Italia ci sono migliaia di convertiti all'islam che vivono serenamente la loro nuova fede. Ma ci sono anche migliaia di musulmani convertiti al cristianesimo che sono costretti a celare la loro nuova fede per paura di essere assassinati dagli estremisti islamici che si annidano tra noi. Per uno di quei «casi» che evocano la mano discreta del Signore, il mio primo articolo scritto sul «Corriere» il 3 settembre 2003 si intitolava *Le nuove catacombe degli islamici convertiti*. Era un'inchiesta su alcuni neocristiani in Italia che denunciano la loro profonda solitudine spirituale e umana di fronte alla latitanza delle istituzioni dello Stato che non tutelano la loro sicurezza e al silenzio della stessa Chiesa. Ebbene mi auguro che dal gesto storico del papa e dalla mia testimonianza traggano il convincimento che è arrivato il momento di uscire dalle tenebre delle catacombe e di affermare pubblicamente la loro volontà di essere pienamente se stessi. Se non saremo in grado qui in Italia, la culla del cattolicesimo, a casa nostra, di garantire a tutti la piena libertà religiosa, come potremmo mai essere credibili quando denunciamo la violazione di tale libertà altrove nel mondo? Prego Dio affinché questa Pasqua speciale doni la risurrezione dello spirito a tutti i fedeli in Cristo che sono stati finora soggiogati dalla paura.

Mentre scrivevo la mia testimonianza per il «Corriere della Sera», ho ripercorso con la mente alcune vicende salienti che mi hanno visto impegnato nella difesa del diritto alla libertà religiosa, in particolare dei cristiani, e non solo di quelli che vengono perseguitati e massacrati nei paesi arabi e musulmani, ma anche dei convertiti al cristianesimo all'interno dell'Occidente stesso.

Il 22 marzo 2006, dopo l'annuncio della condanna a morte emessa in Afghanistan contro Abdul Rahman, un

cittadino afghano convertito al cristianesimo, denunciai
sul mio giornale i limiti dell'intervento dell'Occidente:

Se il nostro problema fosse solo quello di salvare la vita al convertito afghano Abdul Rahman, dovremmo apprezzare le iniziative diplomatiche del ministro degli Esteri Fini, del suo collega tedesco Steinmeier e del Dipartimento di Stato americano. Così come
potrebbe avere senso la minaccia di ritirare «ora e subito» le forze
italiane dall'Afghanistan, formulata ieri sul «Corriere» dall'ex presidente della Repubblica Francesco Cossiga. Ma se il problema fosse invece anche quello di salvare la vita ai milioni di Abdul Rahman che si trovano non solo nei paesi musulmani ma all'interno
del nostro Occidente, allora l'atteggiamento generale delle cancel-
lerie occidentali saprebbe tanto di pilatesco, perché sarebbe teso a
mettere a tacere un caso imbarazzante per allontanare il più possibile una mina vagante. Mentre l'Occidente, a partire dall'intervento nei Balcani, è riuscito ad accreditare la legittimità sostanziale
delle guerre contro i regimi tirannici rei di crimini contro l'umanità
e contro gli Stati canaglia sponsor del terrorismo internazionale,
sembra ignorare o si mostra comunque indifferente a quella che è
la radice del male che minaccia la sicurezza mondiale, ossia la violazione dei diritti fondamentali della persona. Di cui la libertà religiosa e di coscienza è un pilastro. L'Italia, l'Europa, l'Occidente e
gli stessi paesi musulmani che concorrono all'opera di stabilizza-
zione dell'Afghanistan, o comunque interessati a salvaguardare la
sicurezza internazionale, dovrebbero non solo impegnarsi per salvare la vita ad Abdul Rahman, ma promuovere un vasto movimento religioso, culturale e politico a difesa della libertà dei musulmani
di convertirsi senza subire alcuna forma di discriminazione. Questa battaglia è fondamentale per radicare in seno all'islam dei valori che lo rendano compatibile con una comune civiltà umana. Così
come è la condizione imprescindibile non solo per la pacifica convivenza tra l'Occidente e l'islam, ma anche per la costruttiva integrazione dei musulmani in seno all'Occidente. Il diritto alla vita
del convertito Abdul Rahman coincide con il diritto alla vita di tutti noi. Allora innalziamo il vessillo della libertà religiosa e di coscienza. Affermiamo ad alta voce il diritto dei musulmani di convertirsi. Cominciando da casa nostra. È del tutto evidente che se
non siamo in grado di garantire un diritto fondamentale di libertà
personale ai musulmani in Italia, non lo potremo mai assicurare
agli afghani. Non abbiamo alternativa alla promozione di un movimento internazionale a favore dei diritti fondamentali della persona, senza cui la democrazia diventa solo un feticcio rituale che por-

ta al potere i fascisti e i nazisti islamici. Siamo tutti testimoni e vittime di una annosa deriva dei valori che dopo aver provocato, nell'arco di un secolo, l'esodo di dieci milioni di cristiani e di un milione di ebrei dal Medio Oriente, ha poi fatto esplodere il terrorismo islamico globalizzato che disconosce il diritto alla vita di tutti. Ecco perché dobbiamo salvare non un Abdul Rahman, ma tutti gli Abdul Rahman: solo così ci salveremo tutti.

Nel corso degli ultimi anni ho ripetutamente denunciato l'ignoranza, la pavidità, la sottomissione e perfino la collusione ideologica dei laicisti che odiano il cristianesimo ma si prostrano davanti ai musulmani; dei cristiani che confondono Cristo con un rivoluzionario terzomondista e infieriscono volentieri contro la civiltà cristiana; dei cattolici che non amano il papa e fomentano tensioni e conflitti all'interno della Chiesa; dei comunisti che, dopo aver perso la battaglia storica contro il capitalismo, si affidano all'islam, ai pacifisti a senso unico e ai no-global violenti per disgregare e abbattere dall'interno l'Occidente.

In quest'ambito ho pressoché inutilmente ammonito sulla proliferazione delle moschee dove si predica l'odio, si indottrina e si incita alla guerra santa islamica, si pratica il lavaggio di cervello per trasformare le persone in robot della morte. A tal fine ho invocato una sospensione in Italia, ma sarebbe auspicabile che avvenisse in tutto l'Occidente, della costruzione di nuove moschee. Che invece crescono e si diffondono a un ritmo impressionante. La libertà di culto dei musulmani, come quella dei fedeli di altre religioni, è un diritto sancito dalla Costituzione e ci mancherebbe che fossi io a metterlo in discussione. Ma abbiamo il dovere di contestualizzare e sostanziare l'esercizio di tale diritto in un momento in cui talune moschee sono colluse con il terrorismo internazionale di matrice islamica e in cui numerose moschee fanno apologia di terrorismo legittimando la Jihad e glorificando i terroristi suicidi come «martiri».

Il 7 luglio 2005 Germaine Lindsay, un cittadino britannico di 19 anni, originario della Giamaica, cristiano convertito all'islam, si fece esplodere su un autobus al centro di Londra provocando la morte di 26 persone. Era uno dei quattro terroristi suicidi, tutti britannici, autori della prima strage islamica in Gran Bretagna, ed è stato il primo caso accertato di un cristiano convertito all'islam diventato un terrorista suicida. La sua giovane vedova, Samantha Lewthwaite, 21 anni, in un'intervista rilasciata a «The Sun» disse: «Mio marito era un uomo semplice e generoso. Era cambiato da quando aveva iniziato a frequentare la moschea. Gli hanno avvelenato il cervello. Spariva continuamente, andava sempre a pregare nella moschea. È sparito anche la sera prima dell'attentato: l'ho sentito entrare nella stanza di Abdullah (il figlio di 17 mesi), baciarlo e quindi uscire. Poi ho ricevuto un messaggio sul cellulare: Ti amerò per sempre. Vivremo per sempre insieme».

Ebbene, è arrivato il momento di dire: basta sottomissione all'islam! Non potrò mai scordare il senso di incredulità quando nel novembre 1998, nel corso di una visita di lavoro a Londra per intervistare gli esponenti dell'islam radicale, mentre mi trovavo nell'abitazione dello sheikh Abu Hamza Al Masri, imam della moschea di Finsbury Park e fondatore del gruppo Ansar al sharia, egli ammise tranquillamente che da anni organizzava corsi di addestramento alla guerra santa islamica alla periferia di Londra. Tutto avveniva in modo assolutamente legale e pubblico, dato che per le autorità britanniche quella pratica rientrava nell'ambito delle prerogative di autogestione della sedicente «comunità islamica», in qualche modo paragonata all'attività innocente dei boy-scout.

Lo sheikh radicale mi diede un volantino che lessi allibito e angosciato: «Comunicazione di servizio per i militanti del movimento islamico internazionale. Oggi si inaugura un nuovo campo di addestramento alla Jihad, la guerra santa per la difesa dei popoli musulmani oppressi. A Crowborough, alla periferia di Londra, si terranno per tre giorni corsi di sopravvivenza e di arti marziali, attività ginniche e conferenze islamiche. Il costo è di 20 sterline per gli adulti e di 10 sterline per i bambini. L'appuntamento è alle 19 alla fermata degli autobus a Finsbury Park e il ritorno è previsto domenica alle 20. Chi fosse interessato a questo o ai prossimi campi della Jihad, che si svolgono ogni sei settimane, può contattare il fratello Sarmid allo 0044-956-363456. Vi sollecitiamo a prenotarvi con anticipo perché i posti disponibili sono limitati». Il volantino veniva diffuso pubblicamente nella Grande Moschea di Finsbury Park.

Ostentando grande tranquillità, Abu Hamza mi disse: «La Jihad è una farida, un dovere islamico imposto da Allah. Si può contribuire alla Jihad con la parola e con i soldi. Ma il combattimento è il livello più alto della Jihad ed è il più utile per l'islam. Allah ci ha ordinato di combattere. Non capisco perché noi musulmani dovremmo adempiere a questo sacro dovere segretamente, quando qui in Occidente vengono riconosciuti gruppi come il Sinn Fein. Non siamo terroristi, siamo mujahidin, combattenti islamici per la giusta causa della difesa dei popoli musulmani oppressi in tutto il mondo. Ecco perché noi proclamiamo la Jihad pubblicamente, siamo contrari all'attività segreta perché si tratta della nostra fede. Questi campi di addestramento alla Jihad sono pubblici».

Gli chiesi come avviene l'arruolamento degli aspiranti mujahidin che hanno deciso di fare la Jihad. Ecco la sua risposta: «Noi non siamo un gruppo che impone ai suoi adepti la *bay'a*, il giuramento di fedeltà. Qui in Europa non possiamo che collaborare con quelli che osservano il dovere della Jihad da qualsiasi parte del mondo provengano. I nostri campi in Gran Bretagna, al pari di quelli negli Stati Uniti, sono per l'addestramento preliminare alla Jihad. In realtà, lo scopo principale è la tutela dei giovani musulmani dalla perdizione e dall'integrazione nei paesi *kuffar*, miscredenti. I campi sono organizzati secondo diversi livelli. Dopo il terzo livello, il mujahid è in grado di trasferirsi nei veri campi di battaglia in Afghanistan, Cecenia, Etiopia, Somalia ed Eritrea. La Bosnia è attualmente in declino come attività della Jihad, mentre il Kashmir non accoglie i mujahidin stranieri. Credo che la principale base della Jihad sarà lo Yemen. Nei prossimi cinque anni lo Yemen diventerà uno Stato islamico e islamizzerà l'intera Penisola Arabica».

Abu Hamza mi spiegò poi come si svolgono i campi di addestramento alla Jihad in Gran Bretagna: «Ogni sei settimane allestiamo un campo che dura tre giorni. Vengono usate armi leggere e armi con puntamento al laser. L'uso delle munizioni avviene solo all'interno di poligoni autorizzati. Montiamo le tende in zone lontane dai centri abitati, in aperta campagna, su un terreno preso in affitto. L'obiettivo principale dell'addestramento è quello di rafforzare la volontà e la determinazione del musulmano a combattere. I giovani vengono abituati a sopportare la fatica fisica, a sopravvivere in ambienti ostili, a fare lunghe marce invocando i sacri nomi di Allah per lenire il dolore, a imparare a leggere le carte topografiche. E, ovviamente, vengono addestrati alle armi. Noi dobbiamo essere pronti, la nostra preparazione non deve essere inferiore a quella dei kuffar. Tra un campo e l'altro, l'aspirante mujahid ha dei compiti religiosi, fisici e militari da fare a casa».

Dalle indagini condotte dagli inquirenti dopo la strage del 7 luglio 2005 è emerso che fino alla primavera del 2006 in Inghilterra i campi di addestramento per aspiranti terroristi islamici hanno continuato a svolgere la loro attività. Ci si può stupire se poi questa folle ideologia del multiculturalismo ha partorito terroristi suicidi di nazionalità britannica che si sono fatti esplodere nel centro di Londra, ritenendo che fosse loro dovere islamico, quali soldati della Jihad, massacrare i loro stessi connazionali condannati come «nemici dell'islam»?

Basta sottomissione all'islam! Come detto, nel settembre 2006 l'Opera di Berlino decise di non mettere in scena l'*Idomeneo* di Mozart per timore di eventuali proteste e reazioni incontrollabili da parte della comunità islamica. La sovrintendente del teatro della zona occidentale di Berlino aveva spiegato di aver ricevuto un avvertimento dalle autorità di polizia cittadine, secondo le quali la rappresentazione del capolavoro mozartiano avrebbe comportato «un rischio incalcolabile per la sicurezza» della prestigiosa istituzione. L'allestimento prevedeva un finale dove il re Idomeneo appare sul palcoscenico portando un mazzo sanguinante di teste mozzate: quelle di Poseidone, Gesù, Buddha e Maometto. Il messaggio del regista era: «Poiché milioni di morti sono da mettere sul conto dei conflitti di religione, abolirle tutte può essere una misura propedeutica alla pace». Ebbene, la cancellazione preventiva dell'*Idomeneo* dal cartellone fu imposta esclusivamente per paura di offendere la suscettibilità dei musulmani. Un portavoce della polizia rivelò che le preoccupazioni delle autorità berlinesi erano cominciate in giugno, quando una telefonata anonima aveva fatto un accenno al cartellone della Deutsche Oper. Non ci furono proteste o minacce da parte dei cristiani o dei buddisti, ma dai musulmani sì.

Basta sottomissione all'islam! Nel marzo 2008 è stato censurato il cortometraggio *Fitna*, dell'olandese Geert Wilders, un semplice documentario che si limita a riproporre alcuni versetti coranici che incitano a uccidere gli infedeli e coloro che non si convertiranno, accompagnandoli con le immagini di fatti realmente accaduti quali gli attentati alle Torri Gemelle dell'11 settembre 2001, la strage alla stazione ferroviaria di Madrid l'11 marzo 2004, la decapitazione dell'americano Nick Berg per mano del terrorista Abu Musaab Al Zarqawi in Iraq, e poi l'intervista a bambine palestinesi che confessano la propria vocazione al «martirio» per massacrare gli ebrei, prediche di imam che incitano all'odio e alla violenza contro i kuffar e si rallegrano del loro sterminio. Il mondo intero è insorto per condannare Wilders, che si è limitato a riproporre dei fatti, anziché condannare i fatti stessi e i loro protagonisti, cioè i terroristi che massacrano facendosi esplodere o decapitando nel nome di Allah, e i loro burattinai che li istigano e praticano il lavaggio di cervello.

Il segretario generale dell'Onu Ban Ki-moon ha condannato «nei termini più forti possibili» la diffusione del film di Wilders, sostenendo che «non vi è alcuna giustificazione per un discorso che incita all'odio o alla violenza. In questo caso non è in gioco il diritto alla libertà di parola». Si è spinto al punto da assolvere l'islam: «L'Onu è il centro degli sforzi mondiali per sviluppare reciproco rispetto, comprensione e dialogo. Dobbiamo anche riconoscere che la vera divisione non è tra società musulmane e occidentali, come qualcuno vuole farci credere, ma tra piccole minoranze di estremisti che, da diverse parti, sono interessate a promuovere ostilità e conflitto».

Anche il presidente del Parlamento europeo, Hans-Gert Poettering, ha preso le difese dell'islam: «A nome del Parlamento europeo respingo in modo assoluto l'interpretazione contenuta nel film che l'islam è una religione violenta», aggiungendo che «il contenuto del film sembra ideato per offendere la sensibilità religiosa dei musulmani in Olanda, in Europa e nel mondo». Secondo Poettering, «il rispetto reciproco e la tolleranza sono le precondizioni perché islamici, cristiani e persone di altri credi, o che non ne hanno, possano vivere in pace insieme». Bene, di quale «rispetto reciproco e tolleranza» parla mai Poettering? Non si rende conto che il rispetto e la tolleranza sono sempre e soltanto da parte dei cristiani, mentre da parte islamica ci si comporta in modo arbitrario e violento? Come mai l'Onu e l'Unione europea non hanno speso mezza parola per denunciare la strage dei cristiani in Iraq che ha avuto un'escalation proprio mentre si affannavano per condannare il documentario di Wilders?

Il 13 marzo 2008 fu ritrovato il corpo di monsignor Paulos Faraj Rahho, arcivescovo caldeo di Mosul, rapito il precedente 29 febbraio dai terroristi islamici che avevano distrutto nel 2004 la sede dell'arcivescovado. Il 5 aprile 2008 fu assassinato nel centro di Baghdad padre Youssef Adel, all'uscita dalla chiesa di San Pietro e Paolo. Era un sostenitore del dialogo interreligioso. Il 3 giugno 2007 era stato assassinato il segretario del vescovo Rahho, padre Ragheed Ganni. Nello stesso periodo, diversi religiosi sono stati sequestrati e rilasciati in cambio di un riscatto come forma di autofinanziamento del terrorismo islamico. L'esodo dei cristiani dall'Iraq è impressionante: fino al 2003 il loro numero si aggirava sul milione, oggi ne sono rimasti circa 400.000. Ma, evidentemente, per l'Occidente e tutta la comunità internazionale pararsi dalle nuove possibili violenze islamiche è più importante che condannare le violenze già in atto, quindi meglio far finta di niente per non doversi accollare la responsabilità di assumere seri provvedimenti per contrastare l'estremismo islamico e sconfiggere il terrorismo islamico.

Basta sottomissione all'islam! In Olanda, nel febbraio 2008, il porcellino-salvadanaio Knorbert, mascotte della banca belga-olandese Fortis – una delle più importanti d'Europa –, che da sette anni veniva regalato ai ragazzi minorenni che aprivano un conto corrente (EuroKids), o ai figli di molti correntisti, è stato ritirato dal mercato. Perché, essendo un maiale, «non corrispondeva ai requisiti che la società multiculturale ci impone», cioè non era gradito ai musulmani, che lo considerano un animale impuro. Da notare che anche per gli ebrei il maiale è un animale impuro, eppure gli ebrei non hanno mai sollevato il caso e non si è mai pensato di ritirare dal mercato il porcellino-salvadanaio perché offenderebbe la suscettibilità degli ebrei. Un portavoce della banca ha detto ai giornali olandesi: «Vi sono state alcune reazioni al porcellino, ora stiamo progettando un altro dono-mascotte che potrà divertire i bambini di qualunque orientamento»; in via provvisoria, ai titolari di EuroKids verrà regalata un'enciclopedia. Come mai questa drastica decisione all'insegna dell'islamicamente corretto? Forse perché la Fortis è anche la prima banca belga-olandese che abbia lanciato, nel dicembre 2007, una società di investimento modellata secondo i principi della sharia, che vieta fra l'altro la riscossione di interessi. Il «Fortis B Fix 2008 Islamic Index 1», che ha raccolto investimenti fino al 31 gennaio, si basava sulla Borsa Halal, cioè sull'elenco di società, selezionate dall'indice Dow Jones, che non trattano alcol, tabacco, armi, giochi d'azzardo, né – guarda caso – carne di maiale.

Basta sottomissione all'islam! L'esperienza di Luisa Battisti, infermiera professionale, dimostra come nel 2008 in Italia si possa diventare cittadini italiani pur essendo poligami dichiarati e pur avendo leso i diritti della moglie italiana. Questo è il suo racconto:

Che frustrazione essere la moglie di un poligamo! Vorrei cercare di far capire come si sente una donna, suo malgrado moglie di un poligamo. Mi sposai, per amore, con un egiziano musulmano che successivamente, a mia insaputa, si è risposato con una sua connazionale dalla quale ha avuto una figlia. Apprendere questa notizia mentre eravamo ancora sposati mi ha spezzato il cuore e mi ha creato una profonda ferita nell'anima, perché non mi sono sentita rispettata nemmeno come essere umano. Solo ora capisco completamente che per lui, che è musulmano, la donna conta meno di un uomo. Inoltre, il non essermi convertita all'islam è stato un motivo aggravante nel deterioramento del nostro rapporto. La donna in quanto tale è un essere debole che non ragiona obiettivamente, quindi non può esprimere le proprie idee e pensieri. Io mi sono opposta e ribellata a tutto questo per non tradire i miei valori cristiani che si basano sull'amore vero tra un uomo e una donna, sul reciproco rispetto, sul perseguire un progetto di vita comune e alla pari. Il matrimonio monogamico comporta tutto questo ed è la base su cui si fonda la famiglia e la società cristiana occidentale. Essere la moglie di un poligamo mi fa sentire confusa, abbandonata, senza identità, come se fossi in un branco di animali dove c'è il maschio dominante e le «femmine» che servono solo alla riproduzione. Sei un'anonima senza un volto. L'uomo egoista, prepotente e fondamentalmente insicuro si nasconde dietro i precetti del Corano interpretandoli come conviene, commettendo così queste infamità, incurante di ciò che una moglie possa provare dentro se stessa. Oltretutto, sono costretta a subire i suoi sberleffi, obbligata a condurre da sola le procedure di separazione. Ancora più grave è che il governo italiano non pone attenzione a questo fenomeno ormai diffuso, non tutelando i suoi cittadini. Ho denunciato alle autorità competenti la bigamia di mio marito cercando di ostacolare i diritti che lui ha acquisito per mezzo del matrimonio con me, ma ciononostante continua a vivere felicemente in Italia con l'«altra» moglie, sposata con rito islamico, e con la figlia. Inoltre ha ottenuto il permesso di soggiorno a tempo indeterminato e, addirittura, la cittadinanza, solo perché è sposato con un'italiana. A questo punto mi domando: su che basi ha avuto questo riconoscimento dallo Stato italiano, visto che vive secondo canoni difformi dalla nostra tradizione? È possibile che uno straniero ottenga la cittadinanza italiana solo con un iter burocratico senza tener conto del suo comportamento e del suo operato? Tutto questo è gravissimo perché dietro questa inerzia e superficialità si sta attentando alla nostra libertà e la sharia sta fagocitando la nostra identità. Questa mancanza di difesa dello Stato mi fa sentire abbandonata, mi fa capire che, nonostante ci siano persone di buona volontà che evidenziano e denunciano questi fatti, le istituzioni sono totalmente incapaci di agire attivamente per il bene comune del popolo italiano.

Basta sottomissione all'islam! In Gran Bretagna la bigamia è un reato, ma nel febbraio 2008 il ministero del Lavoro e pensioni di Londra ha concesso ai poligami il diritto di chiedere (e ottenere) assegni familiari per ogni moglie «aggiuntiva». La questione è stata trattata come una faccenda di sicurezza sociale e spesa pubblica, sottoposta a una revisione governativa durata oltre un anno, e ora il risultato è che la poligamia può essere riconosciuta formalmente dallo Stato britannico: basta che il marito faccia domanda e che i matrimoni siano stati celebrati in paesi nei quali il rito è legale. La disposizione, dunque, si rivolge in particolare ai membri della minoranza musulmana (circa 2 milioni di cittadini) che, in base alla legge islamica, possono avere fino a quattro mogli contemporaneamente, purché dedichino lo stesso tempo e spendano la stessa quantità di denaro per ciascuna di loro. Istruita la pratica, il poligamo potrà mantenere le relazioni matrimoniali multiple (che farebbero finire in carcere fino a sette anni un comune cittadino nato e vissuto nel Regno) e ricevere assegni per ciascuna delle mogli: 92 sterline e 80 pence (123 euro) a settimana per la prima e 33,65 sterline per tutte le altre. Denaro versato sul conto corrente indicato dall'uomo. Sono previsti anche altri benefici, come sgravi sulla *council tax* (equivalente dell'Ici) in considerazione del fatto che le famiglie numerose hanno necessità di più spazio abitativo.

Il caso era stato sollevato diversi mesi fa dalla stampa che, in base al Freedom of Information Act, aveva chiesto i dati statistici sui benefici sociali assegnati alle mogli che si dividono un marito. Ed ecco la risposta del Department for Work and Pensions: «Stimiamo che ci siano meno di mille matrimoni poligami validi nel Regno Unito; sono state ricevute così poche domande di *benefits* che nell'archivio della pubblica amministrazione non è stato possibile rintracciarle». Il sistema mostra anche qualche contraddizione nell'applicazione di questa disposizione. Perché è vero che in Gran Bretagna un uomo sposato non può ottenere un visto d'ingresso per una seconda moglie, ma il ministero degli Interni concede l'ingresso a studentesse o turiste, e ai funzionari della dogana viene consigliato di lasciar correre, anche se sospettano che il marito residente abbia aggirato la legge mettendo in scena un finto divorzio. «Il permesso di entrare nel Regno non può essere negato a una seconda moglie quando si abbia ragione di credere che il marito abbia divorziato dalla prima per convenienza» si legge in un regolamento per i funzionari di frontiera.

Basta sottomissione all'islam! Che cosa significa «matrimoni poligami validi»? Validi per chi? Sulla base di quale legge? Ebbene, forse sono ancora in pochissimi a saperlo, ma in Gran Bretagna è già in vigore la sharia, applicata da decine di tribunali islamici che legiferano ed emettono verdetti. Ci sono giudici e corti, che si riuniscono all'interno delle moschee, dei centri islamici e delle scuole coraniche, che hanno già emesso decine di migliaia di sentenze relative allo stato civile e familiare dei musulmani del Regno, principalmente in materia di matrimonio e divorzio, eredità e contese patrimoniali. Ebbene, questa inquietante realtà esiste sin dal 1982, ed è un frutto degenere dell'ideologia del multiculturalismo che, dopo aver scardinato la società dividendola in ghetti urbanistici, scolastici, etnici e confessionali in conflitto con gli autoctoni sul piano dei valori e dell'identità, ha permesso che si creasse un doppio binario giuridico con la sharia che affianca e mette a repentaglio la legge dello Stato.

Il primo tribunale islamico in Gran Bretagna fu istituito nel 1982 a Leyton, a est di Londra, con il nome di «Consiglio della sharia islamica». Il segretario generale è Suhaib Hasan, membro del Cerf (Consiglio europeo per le ricerche e la fatwa), organismo presieduto dall'apologeta del terrorismo islamico suicida Youssef Qaradawi, leader spirituale e giuridico dei Fratelli Musulmani in Europa, cui la Gran Bretagna proprio nei giorni scorsi ha negato il visto d'ingresso. Nel suo Statuto il Cerf sancisce che «la sharia incarna inequivocabilmente le leggi supreme della vita. La sharia, pertanto, deve essere rispettata come superiore alla legge civile e alla democrazia. La sharia non può essere emendata per conformarsi all'evoluzione dei valori e dei comportamenti umani. La sharia è in assoluto la norma a cui devono sottomettersi tutti i valori e i comportamenti umani, è il contesto cui essi devono fare riferimento ed è il parametro con cui essi devono essere vagliati».

Su questa base Suhaib Hasan ha spiegato in un'intervista al quotidiano saudita «Asharq Al Awsat» il 22 febbraio 2008: «Noi operiamo come un tribunale religioso islamico. Ciò significa che celebriamo i processi ed emettiamo sentenze scritte, conformemente alla sharia e al *fiqh* [l'elaborazione del diritto islamico], dopo aver valutato il caso». E quasi a voler tranquillizzare i non musulmani, ha aggiunto che «come comunità islamica vogliamo alcuni dei diritti sharaitici nell'ambito dello statuto personale islamico in tema di matrimonio, divorzio, eredità e diritti della seconda moglie. Ma non aspiriamo ad amputare la mano del ladro o a lapidare l'adultera o l'adultero». Egli ha precisato che dal 1982 il suo tribunale islamico ha emesso 7000 sentenze di divorzio islamico, o meglio, più correttamente, di formalizzazione del *talaq*, il ripudio, che è una prerogativa dell'uomo, o del *faskh* e del *khul*, che sono l'annullamento del contratto di matrimonio su richiesta della moglie per il comportamento violento del marito, con restituzione comunque della dote. E al riguardo è categorico: «Le questioni del matrimonio e del divorzio non sono di competenza dello Stato, bensì sono religiose. Se i fedeli ottengono una sentenza civile, ritengono che sia loro dovere integrarla con quella religiosa». Infine, Suhaib Hasan fa questa previsione: «La sharia viene applicata ampiamente in Gran Bretagna tutti i giorni. Pertanto nessuno deve sorprendersi se si dovessero introdurre parti della sharia nell'ordinamento giuridico britannico».

Certamente, oggi sarebbe eccessivo definirlo «Regno islamico di Gran Bretagna», ma non è affatto infondato sostenere che ci sono i presupposti perché lo diventi. Perché è solo prendendo atto che sussiste un processo strisciante e inarrestabile di islamizzazione sociale, culturale e giuridica, da intendersi come adozione di un'ideologia integralista e radicale islamica tra i circa 2 milioni di cittadini britannici di fede musulmana, che si possono comprendere e contestualizzare sia la recente dichiarazione del primate della Chiesa anglicana, Rowan Williams, a favore dell'adozione della sharia, sia la decisione del governo laburista di Gordon Brown di avallare la poligamia riconoscendo gli assegni familiari alle mogli islamiche. La verità è che, una volta che si è istituito che la mitizzata e inesistente «comunità islamica» deve essere lasciata libera di autogestire i propri affari interni, che si è assistito inerti alla formazione di quartieri a maggioranza islamica, che si è pensato di non dover in alcun modo interferire nell'attività delle moschee e delle scuole coraniche anche se fomentano l'odio e predicano la violenza, che si è permesso, all'insegna del politicamente corretto, che i musulmani abbiano i propri tribunali, come i cristiani e gli ebrei, non ci si deve sorprendere se poi si scopre che quest'insieme è una miscela esplosiva in grado non solo di destabilizzare il paese sul piano della sicurezza, ma soprattutto di sovvertire l'ordinamento costituzionale che incarna i valori e l'identità nazionale. Tuttavia, la vera tragedia è che i cittadini autoctoni e lo Stato finiscono per ritrovarsi prigionieri della loro concezione formalistica della libertà e della democrazia, perché dalla relativizzazione di tutto e di tutti accettano un certo islam a prescindere dai suoi contenuti, poi tollerano valori e costumi anche se in contrasto con i propri, come è per esempio l'istituto della poligamia, infine si sottomettono all'arbitrio delle ideologie e delle fedi avverse quali sono appunto la sharia e l'islam radicale.

Basta sottomissione all'islam! Il suicidio della civiltà occidentale sta avvenendo per mano dello stesso Occidente, ammalato di quel relativismo cognitivo, etico, religioso e culturale che l'ha portato a mettere tutto e tutti sullo stesso piano, indipendentemente dai contenuti e dalla sostanza; sottomesso alla logica del politicamente corretto che l'ha indotto a non dire alcunché che possa urtare la suscettibilità altrui o, ancor di più, provocare una reazione violenta; infatuato del modello sociale del multiculturalismo che s'illude che sia sufficiente elargire la libertà a piene mani perché essa diventi patrimonio di tutti a prescindere dal rispetto di regole che sostanziano la cultura dei diritti e dei doveri, dalla condivisione di valori fondanti della collettività e dall'adesione a un comune collante identitario nazionale.

Ebbene, quest'Occidente non ha alcuna remora ad aggredire la Chiesa, il papa e la stessa civiltà occidentale che affonda le sue radici nella fede e nella cultura giudaico-cristiana, mentre viceversa è remissivo e connivente con gli integralisti ed estremisti islamici. Come spiegare il fatto che proprio quegli occidentali che si accaniscono di più contro le scuole cattoliche e contro l'insegnamento da parte della Chiesa della morale cristiana a favore della sacralità della vita, del rispetto della dignità della persona e della libertà di scelta, sono gli stessi che si fanno in quattro per favorire la diffusione delle scuole islamiche dove si istiga all'odio contro il cristianesimo, l'ebraismo e la civiltà occidentale, nonché per consentire la presenza nei nostri paesi dei predicatori d'odio islamici che fanno apologia di terrorismo?

Basta sottomissione all'islam! L'Occidente si è già arreso al terrorismo più perfido e più pericoloso, quello che ci dice «Non ti taglio la gola a condizione che ti tagli la lingua». Un regalo avvelenato all'Occidente, che recita così: «Tu sei certamente colpevole e meriteresti la pena capitale, oggi ti condoniamo il tuo peccato, quindi hai salva la vita, purché non lo commetti mai più, cioè devi cessare di esercitare il legittimo diritto alla libertà d'espressione, ovvero di essere pienamente te stesso». Ebbene, accettare questa «grazia» ispirata dai tribunali della sharia significa sottomettersi all'arbitrio ideologico degli estremisti islamici che vogliono inculcarci, qui in Occidente, il principio dell'autocensura preventiva affinché si affermi in tutto il mondo la logica del divieto assoluto di criticare l'islam e Maometto, all'insegna dell'islamicamente corretto.

L'immagine che dà di sé l'Occidente, dalla vicenda delle vignette danesi su Maometto al discorso del papa a Ratisbona, è di un colosso dai piedi d'argilla, pavido e disorientato, ingenuo e incosciente, che per sfuggire alla ghigliottina di Bin Laden finisce sulla graticola dei Fratelli Musulmani. Un Occidente che si destreggia malamente e penosamente nel funambolismo del politichese, autogiustificandosi e autoassolvendosi dietro la letale cortina fumogena dell'equidistanza o equivicinanza tra la civiltà e la barbarie, finendo per mercanteggiare e svendere i valori fondanti della nostra umanità.

Ci rendiamo conto che si sta tentando di sostituire la Jihad dei taglia-gola, che ha traumatizzato il mondo intero e ha diviso i musulmani (perché loro sono i carnefici ma, al tempo stesso, anche le principali vittime), con la Jihad dei taglia-lingua, che ha unificato l'insieme dei musulmani, perché la componente moderata è di fatto sottomessa o comunque teme lo scontro diretto con l'ideologia totalitaria e il regime liberticida degli Stati islamici, e viene offerta all'Occidente come un salvacondotto per redimersi e godere di una tregua armata?

Ebbene, ciò che non vediamo o facciamo finta di non vedere è che tra la Jihad dei taglia-gola e la Jihad dei taglia-lingua c'è soltanto una differenza formale: entrambe le guerre sante islamiche mirano ad annientare la persona, la prima direttamente e fisicamente, la seconda indirettamente e psicologicamente. È la stessa differenza che intercorre tra i jihadisti alla Bin Laden, che vorrebbero conquistare il potere tagliando la testa del nemico, e i gradualisti quali i Fratelli Musulmani, che perseguono il medesimo obiettivo del califfato islamico minando dalle fondamenta il potere nemico.

Oggi l'Occidente si sta di fatto arrendendo agli estremisti islamici che, in cambio dell'archiviazione di una condanna a morte inflitta dai loro tribunali della sharia, esigono la rinuncia definitiva alla nostra facoltà di criticare l'islam e Maometto, un'opzione che culminerà, di fatto, con l'archiviazione del nostro legittimo diritto alla libertà d'espressione. Ecco perché io difendo, senza se e senza ma, il diritto del papa Benedetto XVI, ma anche quello di Robert Redeker, Oriana Fallaci, Theo van Gogh, Ayaan Hirsi Ali, Bernard Lewis, Daniel Pipes, Wafaa Sultan, Ibn Warraq, Sayyid al Qimni, Lafif Lakhdar, Mohammad Said Al Eshmawi e, più in là nel tempo, di Dante, Voltaire e Mozart di criticare l'islam e Maometto. Difendo questo diritto oggi più che mai, perché non possiamo decontestualizzare questa critica e non comprendere che si tratta di una sana reazione al male assoluto che è l'ideologia della morte fisica e psichica che alimenta il terrorismo e l'estremismo islamico. Se questo Occidente relativista e arrendevole continuerà ad autocensurarsi per non dire alcunché di sgradito al totalitarismo islamico, a reprimere la propria civiltà per non scontrarsi con la barbarie altrui, finirà per implodere scatenando la reazione incontrollabile, forse violenta, di tutti coloro che giustamente e per fortuna non intendono rinunciare alla verità e alla libertà. Già ora se ne vedono alcuni sintomi preoccupanti. Ed è evidente che più l'Occidente sarà diviso e in conflitto al suo interno, più gli estremisti islamici riusciranno a prevalere.

Quanto siamo lontani dal «Rito della pace» pronunciato dal Santo Padre mentre si avvicinava il momento della mia prima comunione: «Signore Gesù Cristo, che hai detto ai tuoi apostoli: "Vi lascio la pace, vi do la mia pace", non guardare ai nostri peccati, ma alla fede della tua Chiesa, e donale unità e pace secondo la tua volontà». Chi è che oggi difende veramente la fede della Chiesa? Ritengo che l'ispirazione che mi ha portato a promuovere la manifestazione «Salviamo i cristiani», svoltasi il 4 luglio 2007 a piazza Santi Apostoli a Roma, sia stata un segno della Provvidenza che mi accompagnava sin da bambino nella direzione della fede in Gesù. L'iniziativa raccolse subito l'adesione di politici e gente comune. Ne citerò solo alcuni: tra i firmatari, il mio padrino Maurizio Lupi, Mario Mauro, Giuliano Ferrara, Antonio Tajani, Roberto Maroni, Sandro Bondi, Giorgia Meloni, Luca Volontè, Alfredo Mantovano, Stefania Prestigiacomo, Stefania Craxi, Daniela Santanchè, Andrea Ronchi, Carlo Giovanardi, Valentina Colombo, Souad Sbai, Camillo Fornasieri, Luigi Amicone, Alessandro Rossi, Elio Paolo Fumi; tra gli aderenti, l'allora ministro della Giustizia Clemente Mastella, Silvio Berlusconi, Gianfranco Fini, Dino Boffo, il quotidiano «Libero», Carlo Rossella, Clemente Mimun, Giancarlo Cesana, Giorgio Vittadini, Alberto Savorana, Savino Pezzotta, Eugenia Roccella, Gigi Farioli, Riccardo Pacifici, Dounia Ettaib, Giorgio Israel, Davide Romano, don Gabriele Mangiarotti, suor Maria Gloria Riva, Attilio Tamburrini, Carlo Costalli, Fabio Garagnani, Rossano Belloni, Elisabetta Gardini, Gerardo Bianco, Marco Zacchera.

È stata una serata memorabile, che non scorderò mai. Ero a tal punto emozionato che sul palco tremavo tutto, di fronte a circa 5000 persone, tra cui un centinaio di deputati e senatori, prevalentemente del centrodestra, e diversi

cattolici di sinistra, che allora aderivano alla Margherita,
mentre era presente un solo deputato della sinistra storica, Umberto Ranieri, dei Democratici di sinistra. Al centro, proprio sotto il palco, per quasi due ore Silvio Berlusconi ha tenuto un comportamento esemplare, restando
in piedi e limitandosi ad ascoltare, lui che è sempre stato il
protagonista assoluto degli eventi a cui partecipa. Quel
giorno deve avere veramente sofferto nel tenere a freno il
suo narcisismo, guadagnandosi così, probabilmente, molti più meriti per il Paradiso di quanti non ne abbia raccolti
nel corso della sua intera carriera politica! Ho letto il mio
discorso battendo letteralmente i denti:

> Cari amici nella condivisione dei valori universali del diritto alla
> vita, della dignità e libertà della persona,
> cari fratelli nella fede nell'unico Dio che ha fatto l'uomo a sua im-
> magine e somiglianza, che ci ha donato la vita e radicato la certezza
> della sacralità della vita, che ci ha insegnato ad attenerci alla verità e
> a sconfessare la menzogna, che ci ha ammonito a perseguire il bene
> e a rifuggire dal male, che ci ha responsabilizzato con il libero arbi-
> trio per poter essere protagonisti della nostra azione volta a realiz-
> zare il legittimo interesse proprio e a contribuire a quello altrui,
> siamo qui riuniti in questa straordinaria manifestazione quali
> persone di buona volontà che, al di là della propria religione e na-
> zionalità, si sentono uniti dall'imperativo di affermare e difendere
> il diritto alla libertà religiosa di tutti e ovunque nel mondo. E pro-
> prio perché siamo persone di buona volontà genuinamente creden-
> ti e impegnate a favore della verità, del bene e del legittimo interes-
> se proprio e altrui, noi eleviamo coralmente la nostra voce per
> denunciare la discriminazione, la violenza, la persecuzione e l'eso-
> do forzato dei cristiani in Medio Oriente.
> Siamo qui per dire «Basta!» ai profanatori della libertà religiosa e
> ai dissacratori di un Dio trasformato in un'ideologia dell'odio, del-
> la violenza e della morte.
> Siamo qui per sostenere il diritto alla libertà religiosa ovunque
> nel mondo, sulla base del principio del rispetto della fede altrui e
> della reciprocità del riconoscimento di tale diritto. Rispetto e reci-
> procità più volte invocati da Sua Santità Benedetto XVI nel dialogo
> con le altre fedi, che dovrebbe essere il fondamento delle relazioni
> bilaterali e comunitarie della nostra Europa con il resto del mondo,
> così come si dovrebbe esigerne l'applicazione all'interno stesso del-
> l'Europa. Invece questa Europa ammalata di relativismo e accecata

dall'ideologismo del multiculturalismo, che rinnega i propri valori e tradisce la propria identità, che affondano le loro radici nella fede e nella cultura giudaico-cristiana, è un'Europa lassista nei confronti della violazione della libertà religiosa, sia al di fuori dei propri confini sia all'interno del proprio territorio. L'Europa, nel momento in cui viola i propri valori e rinnega la propria identità, cessa di essere un modello credibile di civiltà non solo per gli altri ma soprattutto per se stessa.

Hanno ragione anche coloro che dicono che non bisogna limitarsi a denunciare la persecuzione dei cristiani e ci invitano a ricordare la persecuzione delle confessioni o delle sette minoritarie in seno ai paesi musulmani, quali gli ebrei, quei pochissimi che sono rimasti, gli sciiti nei paesi a maggioranza sunnita o i sunniti nei paesi a maggioranza sciita, o i sufi, o i drusi, o gli alauiti, o gli ahmadi, o i bahai, o gli zoroastriani, o più semplicemente la persecuzione dei musulmani laici e liberali. E sono tutti casi che attestano come l'intolleranza che si produce nei confronti dei cristiani e nei confronti degli ebrei ha la sua radice nell'intolleranza che sussiste sin dai suoi primordi all'interno stesso dell'islam. Tutto ciò va bene, ma a condizione che la relativizzazione del male comune non ci porti a negare la specificità della persecuzione dei cristiani e non ci induca a restare inerti.

Hanno ragione anche coloro che dicono che senza la pace non ci potrà essere sicurezza e quindi non potrà essere garantita la libertà religiosa. Ma se la speranza della pace viene interamente e passivamente riposta nelle mani degli stessi dittatori e sponsor del terrorismo che si fanno beffe della libertà religiosa, che sono arrivati al potere strumentalizzando la democrazia formale per poi imporre un'ideologia dell'odio, della violenza e della morte, se ci rassegniamo a invocare in modo acritico una conferenza di pace che finirebbe per legittimare i nemici della pace, della vita e della libertà, allora noi rischiamo di renderci – consapevolmente o meno – collusi o complici dei nostri stessi carnefici.

Cari amici e cari fratelli, dobbiamo smetterla – come disse Winston Churchill – di continuare a nutrire il coccodrillo con la speranza di essere mangiati per ultimi. Dobbiamo smetterla di andare a braccetto con chi predica e pratica il terrorismo in Libano, nei Territori palestinesi, in Afghanistan e in Iraq; dobbiamo smetterla di anteporre il denaro ai valori pur di realizzare profitto materiale, anche se in tal modo si accredita e consolida il potere dei nuovi fascisti e nazisti islamici; dobbiamo smetterla di legittimare gli estremisti islamici che, in cambio dell'assicurazione che non metteranno le bombe a casa nostra, hanno già trasformato la nostra casa in una roccaforte dell'estremismo islamico e in una fabbrica di terroristi suicidi islamici con cittadinanza europea.

Cari amici e cari fratelli, è giunta l'ora della chiarezza della realtà, del coraggio della verità, della scelta del bene e della determinazione a realizzare l'interesse comune tra tutti coloro che condividono l'ideale di una civiltà umana dove non venga messa in alcun modo in discussione la libertà religiosa. Oggi dobbiamo riappropriarci della verità che si radica nella realtà, che riesca, per esempio, a infrangere la cappa di mistificazione della realtà che ci ha voluto far credere che la liberazione di Rahmatullah Hanefi, un cittadino afghano amico dei Taliban, fosse una priorità nazionale mentre gravano un vergognoso, ignobile e inaccettabile silenzio e indifferenza sulla sorte di padre Giancarlo Bossi, un sacerdote italiano cattolico che ha offerto la sua vita per testimoniare, tramite la bontà dei suoi atti, la sua fede religiosa. Dove sono le manifestazioni di piazza, dove sono le gigantografie degli ostaggi italiani che pendono dai municipi, dove sono gli appelli all'Onu, all'Unione europea, alla Lega araba e alla Conferenza per l'organizzazione islamica per richiedere il rilascio delle due Simone, della Sgrena e di Mastrogiacomo?

Ebbene, cari amici e fratelli, padre Bossi oggi è diventato il parametro della nostra eticità. Voi avete riscattato questa eticità partecipando in massa a questa manifestazione per affermare in modo forte e determinato che la vita di padre Bossi non vale meno di quella degli altri ostaggi italiani. Voi avete testimoniato il rifiuto assoluto della relativizzazione del bene supremo della vita, chiarendo che la vita di tutti è per noi ugualmente importante. Sono coloro che hanno boicottato questa manifestazione che strumentalizzano politicamente la vita degli ostaggi italiani discriminando tra ostaggi di serie A e ostaggi di serie B. Per tutti noi sono solo ed essenzialmente persone a cui non può essere sottratto in alcun modo il diritto alla vita e alla libertà. Boicottando questa manifestazione hanno svelato la loro sudditanza a un ideologismo politico e il loro disprezzo per una scelta che è esclusivamente valoriale e ideale. Questa nostra manifestazione non ha nulla di politico, bensì è un impegno comune sul piano dei valori, dei diritti, degli ideali e della comune civiltà dell'uomo.

Cari amici e cari fratelli, va benissimo preoccuparci per le sorti dei tanti paesi dove la libertà religiosa è violata e dove i diritti umani sono negati. Ma cominciamo a occuparci della libertà religiosa a casa nostra. Se vogliamo essere credibili quando rivendichiamo la libertà religiosa per i cristiani in Turchia o in Cina, dobbiamo avere la certezza che questo diritto venga rispettato in Italia, in Europa e in Occidente. Ebbene, non è così, dal momento che molti musulmani in Europa non possono avvicinarsi alle moschee, che sono state trasformate nel quartier generale degli estremisti islamici, pena la loro uccisione. Non è così, dal momento che i musulmani non praticanti, o ancor di più coloro che liberamente si convertono a un'altra fede, rischiano la vita. Non è così, dal momento che i non musulmani che osano criticare l'islam tramite un cortometraggio di denuncia della condizione della donna, come nel caso di Theo van Gogh, o delle vignette che denunciano la radice ideologica del terrorismo islamico, come nel caso del quotidiano danese «Jyllands-Posten», vengono sgozzati o condannati a morte. Non è così, se perfino papa Benedetto XVI, per aver affermato la verità storica della diffusione dell'islam tramite la spada nel VII secolo e invocato il connubio tra fede e ragione nella sua *lectio magistralis* di Ratisbona il 12 settembre 2006, si è ritrovato contro l'insieme dei musulmani, dai cosiddetti moderati ai terroristi. Non è così, se il papa ha finito per ritrovarsi pressoché isolato all'interno dello stesso Occidente cristiano, criticato dai laicisti che sono in prima linea nel condannare la Chiesa ma sono al tempo stesso in prima linea nel sostenere gli integralisti e gli estremisti islamici, e – fatto ancor più grave – il papa si è trovato a essere criticato da taluni esponenti anche di primo piano della sua stessa Chiesa, i quali hanno invocato ragioni di opportunità che, a loro avviso, avrebbero dovuto consigliare a Benedetto XVI di non esprimere liberamente il suo pensiero, anche se esso coincide con la realtà storica e con la verità oggettiva.

Cari amici e cari fratelli, non ci si è resi conto che, immaginando che il boicottaggio e le condanne del papa fossero una reazione al suo intervento di Ratisbona, si è finito per giustificare e legittimare un'ideologia dell'intolleranza, del pensiero unico, della tirannia, della violenza e del terrore. Dobbiamo affrancarci dal luogo comune secondo cui il terrorismo che nega il diritto alla vita e alla libertà è un fenomeno reattivo, giacché si tratta, invece, di una strategia di guerra aggressiva. Domandiamoci perché mai i terroristi islamici in Iraq oggi costringano i cristiani a fuggire, a convertirsi all'islam, stuprino e sottomettano le donne cristiane, attacchino le chiese e uccidano i sacerdoti, dal momento che il pontefice Giovanni Paolo II condannò la guerra scatenata da Bush il 20 marzo 2003 e che anche i cristiani iracheni si schierarono contro l'intervento armato occidentale. Domandiamoci come mai i cristiani nei Territori palestinesi, affidati all'amministrazione dell'Autorità nazionale palestinese di Yasser Arafat a partire dal 1994, siano fuggiti in massa e come mai ai cristiani a Gaza sia stato ingiunto di comportarsi da *dhimmi*, cittadini di serie B sottomessi alla legge islamica, nonostante che l'Europa cristiana si sia prevalentemente schierata dalla parte dei palestinesi, e che sia grazie ai generosi aiuti finanziari ed economici europei che i palestinesi riescono a sopravvivere.

Cari amici e cari fratelli, affranchiamoci dai nostri pregiudizi, liberiamoci dalle ideologie malsane, vinciamo la nostra paura, che ci fanno pensare che pur di aver salva la pelle, pur di poter sopravvivere non importa come, pur di scamparla dai taglia-gola, ci si debba sottomettere ai taglia-lingua, accettando lo stato giuridico di dhimmi e lo stato umano di zombie, individui privati della loro dignità e della loro libertà. Ecco perché la battaglia per la libertà dei cristiani in Medio Oriente e per la libertà religiosa ovunque nel mondo coincide con la battaglia per riconquistare la nostra dignità e la nostra libertà, che sono venute meno con il dilagare del relativismo cognitivo, valoriale, culturale, religioso e politico.

Così come di fronte all'orrore dell'Olocausto di 6 milioni di ebrei a opera dei nazisti e dei fascisti, o all'esodo di 1 milione di ebrei sefarditi dai paesi arabi, noi non possiamo non dire «Siamo tutti ebrei»;

così come di fronte alla follia omicida del regime nazi-islamico iraniano che persegue l'obiettivo di dotarsi della bomba atomica e reitera la volontà di distruggere Israele, noi non possiamo non dire «Siamo tutti israeliani»;

così come di fronte alla barbarie del terrorismo islamico che ha massacrato 200.000 algerini, che continua a mietere decine di migliaia di vittime innocenti in Iraq, Egitto, Arabia Saudita, Marocco, Indonesia, Turchia, Afghanistan, Pakistan, che ha colpito nel cuore degli Stati Uniti, della Spagna e della Gran Bretagna, noi non possiamo non dire «Siamo tutti algerini, iracheni, egiziani, sauditi, marocchini, indonesiani, turchi, afghani, pachistani, americani, spagnoli e britannici»;

allo stesso modo ora, di fronte alla persecuzione sistematica e all'esodo di massa indotto o imposto dei cristiani dal Medio Oriente, noi non possiamo non dire «Siamo tutti cristiani!», «Siamo tutti cristiani!», «Siamo tutti cristiani!».

Potevano mai queste appassionate invocazioni a favore dei cristiani sgorgare da un cuore che non fosse stato toccato dalla grazia e che non aspirasse all'autentica fede in Gesù? Sono sentimenti che ho rivissuto nel momento in cui finalmente ho fatto la mia prima comunione, sempre assalito dalla commozione per il ritrovarmi al cospetto del papa: «Figli e figlie carissimi, mi rivolgo a voi che, in questa notte gloriosa, rigenerati dall'acqua e dallo Spirito Santo, riceverete per la prima volta il pane della vita e il calice della salvezza. Il Corpo e il Sangue di Cristo Signore vi facciano crescere sempre nella sua amicizia e nella comunione con tutta la Chiesa, siano costante viatico della vostra vita e pegno del convito eterno del cielo. Beati gli invitati alla Cena del Signore. Ecco l'Agnello di Dio, che toglie i peccati del mondo». Ho così ricevuto per la prima volta nella mia vita la comunione da cristiano, dalle mani del papa.

Subito dopo si è scatenata un'incivile e faziosa polemica tesa a screditarmi e ad attaccare Benedetto XVI. Da spirito libero trovo del tutto infondate, pretestuose e maligne le critiche che mi sono state rivolte. Ci si è scandalizzati per il fatto che il mio battesimo sia avvenuto nella notte di Pasqua, nella basilica di San Pietro, e sia stato somministrato dal papa. Forse i più non sanno che i catecumeni ricevono i sacramenti d'iniziazione al cristianesimo nel corso della cerimonia della Veglia pasquale a opera del vescovo della loro diocesi. Ciò avviene ovunque nel mondo. Perciò, avendo io effettuato il percorso di conoscenza e di adesione alla nuova fede a Roma, non deve sorprendere che sia stato il papa, nella sua veste di vescovo della città, a impartirmi il battesimo, la cresima e l'eucaristia. Sinceramente sono allibito e rammaricato che perfino alcuni esponenti del clero cattolico siano giunti a sostenere che sarebbe stato di gran lunga preferibile che il battesimo mi fosse stato impartito in una parrocchia di una remota cittadina, lontano da occhi indiscreti e dall'interesse dei mass media. Come se il mio battesimo fosse una vergogna da tenere il più possibile nascosta.

Alla luce di questa interpretazione infamante, il ruolo di Benedetto XVI è stato equiparato a una «provocazione», e addirittura si è parlato di un vero e proprio «complotto» contro l'islam. Ebbene, io sono orgoglioso della mia conversione al cattolicesimo, sono orgoglioso che sia avvenuta in modo pubblico e che sia stata pubblicizzata, sono orgoglioso di poterla affermare a viva voce, sono orgoglioso di poter testimoniare la mia nuova fede ovunque nel mondo, e considero l'essere stato battezzato dalle mani del papa come il dono più grande che la vita potesse accordarmi.

Sono stato criminalizzato e, per aver espresso un giudizio radicalmente negativo nei confronti dell'islam, qualcuno mi ha paragonato agli estremisti islamici che mi hanno condannato a morte. Una folta schiera di laicisticristiancomunisti, succubi dei taglia-gola e schiavi dei taglia-lingua islamici, adoratori del relativismo etico, del politicamente corretto e del multiculturalismo, avrebbe voluto che io limitassi la mia denuncia al terrorismo islamico ma mantenessi una valutazione comunque positiva dell'islam. Perché, a loro avviso, tutte le religioni sono uguali a prescindere dai contenuti e, in ogni caso, non bisogna dire alcunché che possa urtare la suscettibilità altrui. Ma scusatemi: se mi sono convertito al cattolicesimo, è del tutto ovvio che l'ho fatto perché ho maturato un giudizio negativo sui limiti dell'islam. Se io veramente avessi creduto che l'islam fosse una religione completamente vera e buona, perché mai l'avrei abbandonata? A questo punto sorge il sospetto, per usare un eufemismo, che si vorrebbe che io, pur nutrendo una valutazione negativa dell'islam, non la rendessi pubblica, sempre per scongiurare il pericolo di incorrere in una condanna in tutte le sue varianti, dalla deplorazione fino alla minaccia se non all'uso della violenza. Ebbene, mi spiace per costoro: ciò che dentro di me è vero e giusto lo dirò e lo scriverò sinceramente e integralmente. Se loro sono già sottomessi al terrorismo dei taglia-lingua e già praticano l'autocensura per prevenire la violenza degli estremisti islamici, io intendo affrontare questa guerra di libertà e di civiltà a testa alta e con la schiena dritta, fino alla fine.

Sulle critiche e le condanne da parte degli estremisti islamici e dei laicisticristiancomunisti non mi soffermo nemmeno. Non li voglio accreditare citandoli. Dico solo che si limitano a sfogare il loro odio e il loro pregiudizio ideologico. Merita invece una riflessione la reazione dei cosiddetti musulmani moderati, coloro che istituzioni italiane, europee e occidentali, perfino la Chiesa, immaginano come interlocutori legittimi in un dialogo positivo. Considerate la reazione di Sergio Yahya Pallavicini, vicepresidente della Coreis (Comunità religiosa islamica in Italia) e membro dei cosiddetti «138 saggi dell'islam» che si sono proposti come referenti dell'islam mondiale nel dialogo con la Chiesa cattolica e le altre Chiese cristiane. Incredibilmente, Pallavicini è stato il primo a negare la legittimità della mia conversione, a denunciarla come apostasia, oltre a sconfessare lo stesso cristianesimo declassandolo a «religione precedente»: «Non c'è nessun bisogno, per dimostrare l'amore per Gesù, di rinnegare l'amore e la fede per il profeta Mohammad. I musulmani hanno, all'interno della loro dottrina, il riconoscimento più alto della figura di Cristo e della Vergine Maria. Il mio rispetto per queste figure, così come per il mondo cristiano ed ebraico, lo vivo da musulmano. Non capisco il perché della scelta di aderire a una religione precedente, rinnegando la tradizione, la cultura e la veridicità del messaggio islamico. Non viviamo più nel califfato islamico o nel sacro romano impero. Oggi prevale, in Italia e nella stragrande maggioranza del mondo islamico, la libertà di scelta. È piuttosto una questione di perplessità sul piano interreligioso. [La libertà di coscienza] è salvaguardata e tutelata [ma] in termini di sensibilità religiosa, qualsiasi apostasia, nel senso di qualsiasi rinnegamento di un messaggio profetico o di una rivelazione divina, è vista con forte perplessità» (Apcom, 22 marzo 2008).

La dichiarazione di Pallavicini è stata resa alle agenzie di stampa alle 21.44 della notte della Veglia pasquale, mentre era ancora in corso la cerimonia religiosa e prima ancora che io mi fossi convertito. Un'incredibile solerzia da parte di un sedicente musulmano moderato che ha colto al volo l'occasione per negare la legittimità del cristianesimo, sottraendogli ciò che ne costituisce l'essenza, la fede autentica in Gesù, con l'affermazione che è nell'islam che si compirebbe «il riconoscimento più alto delle figure di Cristo e della Vergine Maria». Ebbene, come è possibile che uno che nega il diritto del musulmano a convertirsi al cristianesimo, che lo condanna di apostasia, che nega la legittimità del cristianesimo in quanto religione, possa essere accreditato come l'interlocutore principale della Chiesa cattolica in Italia nel dialogo con i musulmani, considerando che Pallavicini è l'unico italiano che figura tra i cosiddetti «138 saggi dell'islam»? Non lo sa Pallavicini che, a tutt'oggi, in diversi paesi musulmani, tra cui l'Arabia Saudita, l'Iran, il Pakistan, l'Afghanistan, lo Yemen e il Sudan, il musulmano che si converte a un'altra fede è condannato con la pena di morte?

Dimostra di saperlo bene, invece, un altro dei cosiddetti musulmani moderati, il portavoce dell'Ucoii, Ezzedin Elzir, che a Firenze va in giro a braccetto con il rabbino capo, con esponenti cattolici e con le autorità civili. «Un musulmano non può cambiare la propria fede» ha subito sentenziato, interpellato dall'Ansa alle 23.27 del 22 marzo 2008, quando la cerimonia religiosa della Veglia pasquale non era ancora conclusa, aggiungendo astutamente: «ma se lo fa qui in Italia è una scelta personale, che riguarda la sua etica.» Dunque Elzir, pur sostenendo che la mia conversione è certamente un atto di apostasia, non si vuole esporre arrivando alla conclusione che meriterei la condanna a morte. Se l'è cavata così: «Un musulmano non applica la legge islamica: una sentenza islamica può essere emessa solo in uno Stato islamico». Tradotto in soldoni: Magdi Cristiano Allam è un apostata, in un paese islamico deve essere condannato a morte, ma qui in Italia, siccome non ci conviene dirlo, optiamo per una sorta di moratoria sulla pena capitale dell'apostata nell'attesa che anche l'Italia diventi uno Stato islamico, Inshallah!

Quando ho letto queste dichiarazioni del portavoce dell'Ucoii, mi è tornato alla mente l'atteggiamento pilatesco assunto da Elzir nel corso di una puntata di «Porta a porta» di qualche anno fa, nel periodo in cui il terrorismo suicida palestinese aveva intensificato la sua offensiva contro i civili israeliani, con una sanguinosa ondata di attentati contro gli autobus e i mercati. Alla pressante domanda di Bruno Vespa: «Lei condanna gli attentati terroristici suicidi palestinesi?», Elzir (che all'epoca non aveva un incarico dirigenziale nell'Ucoii) rifiutò di dare una risposta netta. Vespa lo incalzò: «Mi dica sì o no». Ma lui non condannò i terroristi suicidi.

Sulla base della mia esperienza e di una valutazione prettamente logica, sono arrivato alla conclusione che, quando qualcuno è soggiogato dall'odio e dal pregiudizio, non serve a nulla parlare con lui. Anzi, in questo caso il dialogo si trasforma in un mero strumento di legittimazione di un nemico dichiarato dei valori assoluti, universali e trascendenti in cui crediamo. Il dialogo non può essere mai fine a se stesso. Non si dialoga tanto per dialogare. Il dialogo è uno strumento legittimo soltanto se, in partenza, entrambi gli interlocutori condividono quei valori non negoziabili in quanto sostanziano l'essenza della nostra umanità, così come vi deve essere l'intesa sul traguardo della realizzazione di una comune civiltà dell'uomo che corrisponda al bene comune e all'interesse della collettività.

Ecco perché non solo non serve dialogare con Tariq Ramadan, l'ideologo dei Fratelli Musulmani in Europa di cui l'Occidente si è invaghito nonostante sia un apologeta del terrorismo palestinese e islamico, neghi il diritto di Israele all'esistenza e miri all'islamizzazione dell'Europa, ma è assolutamente controproducente. Ramadan ha lungamente affermato che io non sarei mai stato un musulmano, che sarei stato in realtà un cristiano copto che fingeva di essere musulmano per diffamare l'islam. Tesi che ha ribadito anche ultimamente a Mario Omar Camiletti nel corso di una sua visita a Roma il 2 aprile 2008. A Camiletti che gli faceva notare che proprio la conversione pubblica in Vaticano confermava che io fossi musulmano, Ramadan ha risposto che lui è certo che io sarei stato un cristiano copto, che «ho le prove che tre quarti della sua famiglia è copta». Ciò che invece ha spudoratamente taciuto è che in Gran Bretagna proprio la rivista dei Fratelli Musulmani, il «Muslim Weekly», era già stata costretta a pubblicare una smentita della tesi da lui sostenuta.

Ramadan era presente tra il pubblico al dibattito «Lo scontro di civiltà e la ridefinizione dell'ordine mondiale» tenutosi a Londra il 20 gennaio 2007, cui parteciparono Daniel Pipes e Ken Livingstone, sindaco di Londra, durante il quale l'analista americano chiese agli occidentali di contribuire all'edificazione di un islam moderato. In quell'occasione Pipes suggerì che sarebbe stato possibile favorire la comparsa di un islam moderato non attraverso il multiculturalismo inclusivo a tutti i costi proposto da Livingstone, ma rimanendo fermi nelle proprie convinzioni e con l'aiuto dei nostri alleati civilizzati nel mondo, specie con le voci progressiste del regno dell'Arabia Saudita, i dissidenti iraniani e i riformisti afghani, nonché con le loro «controparti» in Occidente, ovvero con individui come Naser Khader, parlamentare danese; Salim Mansur, docente e scrittore in Canada, e Irfan Al-Alawi, direttore del Centro per il pluralismo islamico in Gran Bretagna, e fece anche il mio nome.

Nel corso di una tavola rotonda tenutasi quello stesso giorno alla fine del dibattito, dal titolo «Esiste una minaccia islamica?», e a cui Pipes non partecipò, Ramadan lo attaccò per avermi citato. In seguito, Mozammel Haque lo confermò in un articolo intitolato *World civilisation conference: Professor Tariq Ramadan on Islamic Threat*, pubblicato il 9 febbraio 2007 sul «Muslim Weekly».

Ecco il brano rilevante, che cito testualmente:

> Il professor Daniel Pipes ha parlato di musulmani moderati, e tra l'altro stamattina ha menzionato nel corso del dibattito un copto egiziano, come esempio di musulmano moderato. Il professor Ramadan ha detto che «ha sbagliato a menzionarlo. Egli ha mentito. Tra l'altro, Allam è un copto. È un cristiano egiziano. Ma ha un nome arabo».

Ebbene, il 29 febbraio 2008 il «Muslim Weekly» ha pubblicamente chiesto scusa a Daniel Pipes riguardo all'articolo diffamatorio pubblicato nel febbraio 2007 contenente le bugie pronunciate da Tariq Ramadan.

Ecco il testo dell'annuncio pubblicato:

Il 9 febbraio 2007 il «Muslim Weekly» ha pubblicato l'articolo *World civilisation conference: Professor Tariq Ramadan on Islamic Threat* di Mozammel Haque, riguardante un discorso di Tariq Ramadan pronunciato il 20 gennaio 2007. Abbiamo riportato che Ramadan ha accusato Daniel Pipes, un esperto americano di Medio Oriente, di avere mentito nel suo discorso circa la religione di un musulmano egiziano. Ora sappiamo che il prof. Pipes ha parlato a ragion veduta e che non ha mentito. Ritrattiamo quindi quel che abbiamo scritto su di lui e chiediamo scusa al prof. Pipes per qualsiasi danno subìto dal nostro articolo.

Da quando ho pienamente aderito alla fede in Gesù mi sono sentito in perfetta armonia interiore. Di fatto, io sono stato cristiano prima ancora di diventare cristiano. Lo dimostra anche la mia ammirazione e la mia costante difesa del papa. L'ultima occasione mi è stata data dalla vicenda che ha impedito a Benedetto XVI di recarsi all'Università La Sapienza di Roma, dove era stato invitato il 17 gennaio 2008 per presenziare alla cerimonia d'inaugurazione dell'anno accademico nel corso della quale avrebbe dovuto tenere un discorso. Presi così l'iniziativa di promuovere all'interno del mio sito personale un appello, «Io sto con il papa», che ha raccolto circa 1300 adesioni.

Cari amici,
l'inaudita e sofferta decisione del Santo Padre di annullare la sua visita all'Università La Sapienza di Roma, programmata per giovedì 17 gennaio, a causa della predicazione d'intolleranza laicista da parte di un manipolo di docenti e dell'intimidazione violenta da parte di una banda di studenti, impone a tutti noi l'assunzione della consapevolezza della gravità di un atto che va ben oltre l'evidente marciume ideologico diffuso nel mondo accademico e culturale italiano e al manifesto arbitrio comportamentale di squadracce comuniste e radicali che si sono annidate in seno alla nostra società.
Il gesto, comprensibile e saggio, del papa attesta di fatto la sconfitta dello Stato di diritto che non è più in grado di salvaguardare la

propria sovranità e il rispetto dell'esercizio dei diritti costituzionali all'interno del proprio territorio nazionale, nonché la deriva dell'insieme della classe politica che ha profanato e trasformato lo Stato e le sue istituzioni in un bordello dove si svendono i valori e si calpestano le regole in cambio di denaro e di potere per soddisfare il proprio egoistico e miope interesse.

Noi diciamo con estrema chiarezza e totale determinazione che stiamo in modo inequivocabile dalla parte del papa, del suo diritto a esprimere nella più assoluta libertà il suo pensiero, del suo dovere spirituale e morale a illuminarci sulla posizione della Chiesa e della fede cattolica in tutte le questioni che concernono l'insieme del nostro vissuto, fermo restando la libertà di scelta di tutti. Ma diciamo altresì che oggi non è più sufficiente esprimere la propria solidarietà a Benedetto XVI, che non vogliamo associarci all'atteggiamento ipocrita dei politici che denunciano una «vergogna» da loro stessi generata e auspicano il rispetto di una civiltà che loro stessi stanno uccidendo.

Cari amici, dobbiamo avere la lucidità e il coraggio di andare alla radice del male, rappresentando correttamente la realtà, individuando il valore che corrisponde al bene comune e identificandoci nell'azione che realizza l'autentico interesse nazionale. Dobbiamo prendere atto che oggi l'università e più in generale il mondo dell'istruzione, i docenti e più in generale il mondo della cultura, sono profondamente ammalati di relativismo cognitivo, etico e culturale; sono totalmente accecati dall'ideologia del laicismo che li porta a odiare e a infierire contro la propria civiltà che ha il suo radicamento storico e scientifico nella fede e nella tradizione giudaicocristiana; sono profondamente immersi nelle tenebre del politicamente corretto che li dispensa aprioristicamente dall'assumere dei parametri valutativi e critici nei confronti degli altri; sono a tal punto spregiudicati e immorali da non avere remore a schierarsi e a favorire chi è dedito a combattere e ad annientare la nostra civiltà occidentale. L'università italiana oggi non ha alcuna esitazione ad accogliere dei predicatori d'odio e degli apologeti del terrorismo islamico, come Tariq Ramadan, Rached Ghannouchi e Nadia Yassine, ma non permette al papa o all'ambasciatore d'Israele e degli Stati Uniti di accedervi. Il pregiudizio ideologico prevale su tutto, con il risultato che oggi l'Occidente è diventato il peggior nemico di se stesso.

E non ha alcun senso sostenere che tutto sommato si tratta di una piccola minoranza, 67 docenti su 4500, che hanno firmato l'appello contro il papa o uno sparuto gruppo di studenti, un centinaio su 150.000, che hanno occupato il rettorato e hanno minacciato di impedire a tutti i costi l'intervento del pontefice. Perché se questa minoranza di fanatici ideologizzati e violenti è in grado di conseguire il suo scopo, significa che la maggioranza si è di fatto arresa all'arbitrio e alla tirannia della minoranza. Ecco perché diciamo che si tratta di una cocente sconfitta dello Stato di diritto e del trionfo dell'estremismo e dell'oscurantismo.

In uno Stato di diritto la predicazione d'odio e l'intimidazione violenta che hanno costretto il capo spirituale della Chiesa cattolica e capo dello Stato Vaticano ad annullare la sua visita alla Sapienza su invito formale del rettore, dovrebbero essere sanzionati come reato penale. Invece, difficilmente un magistrato solleverà il caso perché siamo in un paese dove l'istigazione all'intolleranza e la predicazione d'odio vengono considerati «libertà d'espressione» e dove fin troppo spesso la flagrante violazione della legge viene giustificata invocando la specificità sociale e politica di chi delinque. Peggio ancora, siamo in balìa di uno Stato e di istituzioni che si sono spinte fino a legittimare e a finanziare i cosiddetti «centri sociali», che sono palesemente dei covi di sovversione e rivolta violenta contro lo stesso Stato e le stesse istituzioni. Ed è in questa assoluta commistione del lecito e dell'illecito e omologazione della legalità e dell'illegalità, che nel Tg1 delle ore 13.30 del 15 gennaio si è sostenuto che la sede del rettorato della Sapienza sarebbe stata «occupata pacificamente». Ora, se l'occupazione di un edificio o di un locale altrui è sancita dalla legge come reato, come si può immaginare che un reato possa essere compiuto «pacificamente», con il sottinteso che non sarebbe stata violata la legge?

Ebbene, cari amici, anche se è alquanto probabile che la magistratura non perseguirà i docenti che hanno istigato all'intolleranza e gli studenti che hanno intimidito con la violenza, noi non possiamo sottrarci alla condanna netta e assoluta del loro operato. Noi chiediamo che ci sia quantomeno una sanzione disciplinare e morale nei confronti di educatori che diseducano e di studenti che praticano la violenza. Chiediamo che ci sia un provvedimento pubblico da parte del rettore della Sapienza che vada al di là della ritualità formale delle scuse al papa. Coloro che hanno incitato all'odio e minacciato Benedetto XVI devono essere sanzionati. Se ciò non dovesse avvenire, come è verosimile, ebbene avremo la conferma che è l'insieme dell'università italiana da bonificare e riscattare alla piena legalità prima ancora di poter essere riformata e ricostruita, affinché possa svolgere il suo ruolo istituzionale di veicolo di trasmissione del sapere scientifico e dei valori che incarnano la nostra civiltà. Ha ragione monsignor Rino Fisichella, vescovo ausiliare di Roma e rettore dell'Università Lateranense, quando dice in un'intervista pubblicata oggi sul «Corriere della Sera» che «ormai viviamo sotto il fattore "i": come ignoranza, intolleranza accademica e intransigenza laicista».

Ugualmente noi dovremmo chiedere al governo e al Parlamento di assumere dei provvedimenti urgenti e seri per riformare dalle radici l'università e il sistema dell'istruzione. Uso il condizionale perché dubito assai che lo farebbero. Perché, prima di riformare l'università, è proprio la classe politica che deve essere bonificata e riformata. Fintantoché non prevarranno il senso dello Stato, la cultura del bene comune e il primato dell'interesse nazionale, non cambierà assolutamente nulla di sostanziale. Per ora a noi basta esserne consapevoli. Conoscere la realtà senza infingimenti e mistificazione è il nostro traguardo iniziale. Perché solo quando saremo in grado di distinguere il vero dal falso, potremo discernere tra il bene e il male e scegliere tra la buona e la cattiva azione.

Ecco perché, cari amici, oggi noi dobbiamo assumere un'iniziativa che ci veda da protagonisti schierati dalla parte della verità. E la verità oggi significa dire: «Io sto con il papa. Io condanno l'intolleranza laicista e l'intimidazione violenta. Io denuncio l'ipocrisia dei politici che sono i veri responsabili del degrado etico in cui versa l'Italia».

Un passaggio significativo nel percorso di maturazione interiore della spiritualità cristiana è senza dubbio la mia partecipazione al pellegrinaggio mariano di Loreto. Non scorderò mai una signora ultraottantenne nel piazzale antistante la basilica della Santa Casa di Loreto all'alba del 3 giugno 2007. Sotto un cielo cupo e una brezza fredda e umida, era l'immagine di una fede cristiana convinta e pacata. Aveva un fisico davvero invidiabile, snello e asciutto, jeans e scarpe da ginnastica con uno zainetto sulle spalle, e un sorriso sconvolgente per la sua genuinità che non lasciava trasparire alcun segno di affaticamento a dispetto della notte passata senza chiudere occhio, camminando ininterrottamente – a tratti sotto la pioggia – e con un clima da stagione invernale.

«È da venticinque anni che partecipa al pellegrinaggio mariano, percorrendo a piedi il tragitto di ventotto chilometri da Macerata» mi rivelò Daniele Biondi, un amico del movimento di Comunione e Liberazione che si era re-

so disponibile, per il secondo anno consecutivo, a farmi
da accompagnatore, accogliendomi sin dal mio arrivo, la
sera precedente, allo stadio Helvia Recina di Macerata per
la messa inaugurale e ricomparendo la mattina successiva
per la solenne conclusione del rito a cui avevano partecipato circa 60.000 pellegrini. Dopo avermi condotto in albergo, dove dormii non più di quattro ore, Daniele si era
ricongiunto ai fedeli in marcia per tutta la notte, e quando
ci rincontrammo verso le 6 di mattina era molto più sveglio e vispo di me, capace di elaborare frasi a effetto che
stemperavano la tensione e annullavano la fatica.

Come successe nel 2006 quando, vedendo arrivare da
lontano la testa del serpentone di pellegrini che s'ingrossava man mano che risaliva il pendio, scorgemmo una
grande bandiera tricolore che sventolava con la vivacità
che viene impressa dai tifosi per festeggiare le vittorie della Nazionale. Ebbene, mentre il pensiero che mi venne fu
«Sembra un felice sodalizio tra la fede cattolica e l'amor
patrio», con una battuta Daniele disse: «Speriamo che non
sia una scelta legata ai Mondiali di calcio!». Che proprio
in quei giorni si svolgevano in Germania e che furono vinti, a sorpresa, dall'Italia.

Che spettacolo e che emozione assistere all'arrivo del
corteo sempre più imponente dei pellegrini, animato dalla voce e dal canto dell'ideatore e guida della manifestazione, il vescovo di Fabriano-Matelica Giancarlo Vecerrica, con una vitalità e una passione straordinaria e al limite
del miracoloso, considerando l'impegno fisico certo logorante per un uomo che, avendo ormai alle spalle gli anni
più fervidi, può sfidare l'imprevisto solo affidandosi alla
fede senz'altro solida e fortemente contagiosa. Così mi
sentii piccolo piccolo quando fui invitato a unirmi alla testa del corteo, insieme ad altri monsignori e autorità politiche che non avevano partecipato alla marcia notturna e
che si ripresentavano al traguardo più riposati, per assumere la guida dei pellegrini comprensibilmente stanchi se
non esausti, nel discutibile ruolo di chi viene insignito di

tutti gli onori senza essersi accollato, se non in minima parte, gli oneri. E ciò non poté che accrescere la mia stima e la mia gratitudine nei confronti di monsignor Vecerrica e dell'insieme dei pellegrini, che testimoniavano con la preghiera e il sacrificio che la manifestazione di fede rappresentata dal pellegrinaggio trovava il proprio appagamento nel donarsi totalmente a Dio, senza curarsi di ciò che è rilevante per la nostra vita terrena ma del tutto irrilevante per la nostra vita ultraterrena. Ebbene, non posso non confessare di aver provato un senso di disagio interiore nel sentirmi al centro dell'attenzione e del plauso di tanti fedeli assiepati lungo il percorso per avvolgere del loro calore i pellegrini in arrivo, chi regalando un sorriso e chi facendosi il segno della croce, solo perché ero un esponente dell'islam e senza nemmeno aver condiviso l'impegno e il sacrificio del pellegrinaggio. Che, onestamente, non sarei stato comunque in grado di fare, un po' per la disabitudine a camminare da quando, cinque anni fa, iniziò la mia vita blindata, che mi costringe a ridurre al minimo indispensabile la mia esposizione pubblica, e un po' per i problemi fisici causati da due ernie del disco. E che mi fanno provare, a cinquantasei anni, una sana invidia per la dinamica signora ultraottantenne temprata dalla fede.

Tutto ciò mi ha portato a investire sempre più impegno ed energie nella testimonianza intellettuale e spirituale delle mie profonde e intime convinzioni, che poi in definitiva è quello che la gente si aspetta da me. Come appunto quella mattina, verso le 6.30, quando dal podio che sovrasta il piazzale della basilica di Loreto monsignor Vecerrica mi invitò a rivolgere solo un breve saluto ai fedeli radunati sotto la pioggia nell'atto conclusivo della manifestazione. Mi limitai così a dire loro: «Carissimi fratelli, carissime sorelle, grazie per questa straordinaria opportunità di comunanza spirituale attorno alla figura della Vergine Maria, che è cara e venerata sia nel cristianesimo sia nell'islam. Il mio augurio è che questo pellegrinaggio di Loreto possa diventare un momento di fratellanza religiosa tra i cristiani e i musulmani d'Italia. Grazie di cuore e auguri di ogni bene a tutti voi».

Il discorso ai pellegrini l'avevo pronunciato la sera prima dal palco eretto nello stadio Helvia Recina, scelto come punto di aggregazione per le migliaia di pellegrini che formano la testa del corteo nella lunga marcia notturna. Era stato il mio amico Alberto Savorana a invitarmi, a nome del movimento di Comunione e Liberazione, a presenziare, quale musulmano, al pellegrinaggio mariano di Loreto, chiedendomi di tenere un discorso sulla «possibilità del dialogo fra tutti gli uomini di ogni razza e religione a partire da quel valore che è in ogni cosa e che è l'esigenza di verità e bellezza presente in ognuno di noi».

Io avevo chiarito, sin da un mio articolo sul «Corriere della Sera» del 2 dicembre 2004 dal titolo *Fate il presepe, non offende i ragazzi islamici*, che la Vergine Maria è non solo venerata, ma è una figura centrale del culto dei musulmani. Il mio intervento era stato sollecitato dall'allora condirettore del «Corriere», Paolo Ermini, di fronte al crescente numero di docenti italiani che decidevano di non fare allestire il presepe nelle scuole. Cominciava così: «Forse i presidi e gli insegnanti che nel nome del relativismo culturale hanno ritenuto opportuno abolire il presepe, l'alberello e Babbo Natale nelle scuole italiane, per non urtare una supposta suscettibilità degli studenti musulmani, non conoscono i versetti del Corano (III, 45-46) che recitano: "E quando gli angeli dissero a Maria: O Maria, Dio t'annunzia la buona novella d'una Parola che viene da Lui, e il cui nome sarà il Messia, Gesù figlio di Maria, eminente in questo mondo e nell'altro e uno dei più vicini a Dio. Ed egli parlerà agli uomini dalla culla come un adulto, e sarà dei Buoni". Perché, se lo conoscessero, saprebbero che l'islam, al pari del cristianesimo, venera Gesù e Maria».

Quando la sera del 10 giugno 2006 mi ritrovai sul palco a pronunciare un discorso ai fedeli radunati nello stadio, ero molto emozionato e tremavo. Ecco il testo del discorso, che lessi, a differenza di quanto sono solito fare, perché evidentemente temevo di non poter esprimere l'insieme dei concetti salienti nel tempo limitato che mi era stato assegnato:

Cari fratelli, quando gli amici di Comunione e Liberazione mi hanno invitato, quale musulmano, a presenziare al pellegrinaggio mariano di Loreto, ho accettato per due ragioni:

1. La realtà unificante di Maria sul piano della fede tra cristiani e musulmani, e la tradizione dei pellegrinaggi mariani unificante sul piano umano tra cristiani e musulmani negli stessi paesi musulmani.

2. Il mistero della Natività di Gesù incarna il valore della sacralità della vita di tutti, cristiani e musulmani che condividono questo atto di fede, e di tutte le persone di buona volontà.

Forse molti di voi non sanno che Maria è venerata nell'islam. Nel Corano vi è un capitolo, La Sura di Maria, a lei dedicato; complessivamente il suo nome vi compare una quarantina di volte: viene citata direttamente 16 volte, mentre in 23 casi parlando di «Gesù figlio di Maria» o il «Messia figlio di Maria». Ebbene, proprio Maria è la figura unificante del cristianesimo e dell'islam. Il Corano le riserva la massima considerazione: «E quando gli angeli dissero a Maria: "O Maria! In verità Dio t'ha prescelta e t'ha purificata e t'ha eletta su tutte le donne del creato. O Maria, sii devota al tuo Signore, prostrati e adora con chi adora!"» (III, 42). Al pari del cristianesimo, l'islam condivide il mistero della verginità di Maria: «E Maria figlia di Imran, che si conservò vergine, sì che noi insufflammo in lei del Nostro Spirito, e che credette alle parole del Suo Signore, e nei Suoi libri, e fu una delle donne devote» (LXVI, 12).

Il francescano Giulio Basetti-Sani, nella sua opera *Maria e Gesù figlio di Maria nel Corano*, scrive entusiasticamente: «Da quattordici secoli, basandosi sui testi del Corano nei quali si esalta Maria Santissima, anche le generazioni musulmane l'hanno chiamata Beata! Maria è così un vincolo di unione tra cristiani e musulmani, perché anche nel Corano essa è il modello dell'anima credente che si è abbandonata completamente nel Signore per compiere sempre e generosamente la sua divina volontà. Per tutti, cristiani e musulmani, rappresenta il modello privilegiato di coloro che vogliono cercare Dio».

La dimensione teologica di Maria è confortata da una secolare e straordinaria condivisione popolare del suo culto da parte di cristiani e musulmani. Dal 18 al 25 maggio scorso, in occasione della nascita della Vergine, ben 2 milioni di egiziani di entrambe le religioni si sono riversati nel santuario mariano sul monte Al Tir, a Samallut nella provincia di Al Minya. La Sacra famiglia vi avrebbe sostato per tre notti, nel corso dell'esodo in Egitto che, secondo la tradizione islamica, si sarebbe protratto per dodici anni.

In Pakistan c'è una città, Mariamabad, che prende nome da Maria. Il 3 settembre di ogni anno, circa 500.000 fedeli, in gran parte cristiani ma tra loro ci sono anche dei musulmani, partecipano a un pellegrinaggio mariano. In Turchia il piccolo santuario di Maria a Efeso consta di tre locali: nella sala d'ingresso i fedeli accendono le candele, la camera da letto è stata trasformata in chiesa, mentre una sala con camino è adibita a luogo di preghiera per i musulmani.

Ebbene, se i musulmani condividono la devozione e i pellegrinaggi mariani nei paesi musulmani, perché mai non lo dovrebbero fare nei paesi cristiani? Ecco perché lancio un appello ai musulmani d'Italia: facciamo del culto di Maria un momento unificante della spiritualità con i cristiani e facciamo del pellegrinaggio di Loreto un momento di condivisione della fratellanza religiosa tra tutte le persone di buona volontà.

Ed è un appello che rivolgo in modo pressante in questa fase buia della nostra storia, caratterizzata dall'oltraggio quotidiano al valore della sacralità della vita, della dignità e della libertà della persona. Noi vogliamo costruire una comune civiltà dell'uomo basata sul valore della sacralità della vita, della dignità e della libertà della persona. Un traguardo che oggi viene illuminato di nuova speranza grazie a questo pellegrinaggio nel nome di Maria che unisce la nostra fede e nel nome della sacralità della vita che unisce la nostra umanità.

A tutti voi i miei migliori auguri di fede, vita e libertà!

Sono tornato sullo stesso palco un anno dopo, il 2 giugno 2007, con il sentimento espresso poi a Vito Punzi della rivista «Amici del pellegrinaggio», di una «profonda e intima soddisfazione nel constatare come dentro di me e attorno a me ci fosse la consapevolezza che sia possibile condividere dei momenti di meditazione spirituale attorno alle figure e ai simboli unificanti tra le fedi, spianando la strada a una comune civiltà dell'uomo incentrata sul rispetto di quei valori che, proprio perché sono assoluti e universali, acquisiscono la dimensione trascendente propria della religione. Ebbene, il principale di questi valori è la sacralità della vita che è solennemente incarnato dalla figura della Vergine Maria che dà alla luce Gesù come atto di fede e di amore».

Un sentimento di intima comunione spirituale suggellato dall'abbraccio, che non scorderò mai, con il cardinale

Tarcisio Bertone. Così come non scorderò mai l'intesa profonda sul piano dei valori che si realizzò immediatamente, nel poco tempo a disposizione per condividere una tazza di tè e due biscotti, con l'arcivescovo di Loreto, monsignor Gianni Danzi, che mi aveva invitato nel suo appartamento nell'edificio adiacente la basilica dopo avermi affabilmente e generosamente fatto da guida all'interno della Santa Casa. Lo ricordo con ammirazione per la fede eccelsa con cui ha affrontato la vita e accettato la morte sopraggiunta il 1° ottobre 2007, e con gratitudine, per il dono della sua amicizia sincera ancorché breve. Per il singolare intreccio di fede, condivisione di valori, comunanza spirituale e legami fraterni, il pellegrinaggio mariano di Loreto resterà per tutta la mia vita un punto di riferimento ineludibile. I vari aspetti di questa straordinaria esperienza sono stati raccontati da Giorgio Paolucci nel volume *Un popolo nella notte*, edito dalla San Paolo.

L'Occidente è talmente succube dell'islamicamente corretto che islam è l'unico nome di religione a essere scritto con la maiuscola. Tutti ossequiosamente scrivono «Islam», anche se al tempo stesso scrivono «cristianesimo» o «ebraismo». Tutti, tranne me. Io mi sono sempre rifiutato di scrivere «Islam», anche da musulmano. Nei miei articoli per «la Repubblica», ma la stessa cosa accade anche al «Corriere della Sera», io scrivevo «islam» e poi sul giornale stampato leggevo «Islam». Ho tentato più volte di spiegare le ragioni per cui non si può e non si deve privilegiare una religione, ossequiandola con la maiuscola, e discriminare le altre scrivendone il nome con la minuscola.

La logica dell'islamicamente corretto ha a tal punto intriso le nostre menti e avvelenato i nostri corpi che non riusciamo più a far prevalere il principio logico dell'obiettività e dell'oggettività della conoscenza. I musulmani possono tranquillamente sostenere che il cristianesimo è una falsa religione, sulla base della negazione della divinità di Gesù, tacciata di blasfemia, e della condanna del mistero della

Trinità, bollato come eresia. Ma né i cristiani, né alcun altro, possono permettersi di dire che l'islam non è la vera religione perché affonda le sue radici nell'ideologia di odio insita nel Corano e negli atti violenti compiuti da Maometto, sulla base di fatti evidenti e incontestabili.

Affinché sia chiaro come il mio percorso spirituale sia maturato nel tempo, già in un articolo sul «Corriere della Sera» del 23 febbraio 2005, dal titolo *Così i «cattivi maestri» del Corano insegnano a odiare ebrei e cristiani*, scrissi:

È nel Corano la radice dell'odio nei confronti degli ebrei e dei cristiani, la causa profonda della cultura dell'intolleranza e della morte che sta sconquassando la comune civiltà dell'uomo? Provate a immaginare se i cristiani del mondo nel recitare l'invocazione finale del Padre Nostro, «rimetti a noi i nostri debiti come noi li rimettiamo ai nostri debitori e non ci indurre in tentazione ma liberaci dal male», ritenessero che i «debitori» siano gli ebrei e il «male» siano i musulmani. Ebbene, a gran parte dei musulmani si insegna che nell'invocazione della Fatiha, la sura che apre il Corano, «guidaci per la retta via, la via di coloro sui quali hai effuso la Tua grazia, la via di coloro coi quali non sei adirato, la via di quelli che non vagolano nell'errore!» (*Il Corano*, a cura di Alessandro Bausani, Rizzoli, 1988), gli ebrei sarebbero coloro con cui Dio sarebbe «adirato», mentre i cristiani sarebbero quelli che «vagolano nell'errore». Se teniamo presente che la Fatiha viene pronunciata tutti i giorni nelle cinque preghiere prescritte dall'islam, si può comprendere come finisca inevitabilmente per forgiare un'ideologia ostile agli ebrei e ai cristiani. Questo problema riguarda anche i musulmani d'Italia. Nell'edizione del Corano a cura di Hamza Roberto Piccardo dell'Ucoii, la più diffusa in Italia e accreditata dalla gran parte delle moschee, compare una traduzione della Fatiha diversa da quella di Bausani: «Guidaci sulla retta via, la via di coloro che hai colmato di grazia, non di coloro che sono incorsi nella tua ira, né degli sviati». Nel suo commento Piccardo scrive a proposito di «quelli che sono incorsi nella tua ira»: «Tutta l'esegesi classica, ricollegandosi fedelmente alla tradizione afferma che con questa espressione Allah indica gli ebrei (*yahud*)». A suo avviso, nel Corano gli yahud sarebbero «i portatori di una pratica antispirituale e antitradizionale, che usa la religione per scopi di potere e che Allah ha condannato con grande severità. Sempre per Piccardo, «gli sviati» sono «da identificare nei cristiani che accettando il dogma trinitario si sono allontanati dalla purezza monoteistica».

Ha ragione Andrea Pamparana, vicedirettore del Tg5, quando in un commento pubblicato sul «Tempo» del 29 marzo 2008 ha fatto la seguente riflessione:

Se il professor Odifreddi avesse scritto un libro dal titolo *Perché non possiamo essere musulmani* e avesse implicitamente definito i fedeli dell'islam come dei «cretini» (termine che lui fa risalire alla parola «credente») così come ha fatto per i cristiani (cattolici in particolare), non avrebbe venduto tante copie, non sarebbe uscito dagli scantinati universitari per approdare alle vaste platee dei salotti televisivi, non avrebbe incassato tanti soldi e soprattutto vivrebbe giorno e notte con la compagnia di un nutrito gruppo di uomini armati, pronti a proteggerlo dalla inevitabile fatwa che sarebbe caduta sulla sua testa. Se la Chiesa parla, la si può ascoltare, la si può ignorare, la si può criticare anche in modo aspro, talvolta con dileggio. Se il Papa parla della difesa della vita e della famiglia naturale, si possono organizzare cortei con finti cardinali transessuali, carri allegorici e filastrocche blasfeme, riprese in tv e dai giornali. Se qualcuno osa criticare l'islam, non solo avrà contro i musulmani, ma anche e soprattutto sarà messo nel mirino dei relativisti nostrani, per non dire di non pochi cattolici.

La denuncia di Pamparana si colloca nell'ambito delle riflessioni di uno spirito libero che, pur da laico, ha individuato nelle radici cristiane l'essenza della civiltà occidentale, al punto da approfondire questo tema ripercorrendo a ritroso, sino al Medioevo, la realtà del cristianesimo in tre romanzi su alcuni dei padri del pensiero cristiano e al tempo stesso della civiltà occidentale: *Benedetto. Padre di molti popoli*, *Abelardo. Ragione e passione* e *Bernardo. Il chiostro e la strada* (Ancora Editrice).

Nella sua omelia della Veglia pasquale il Santo Padre ha illustrato il concetto della «conversione perpetua» dei fedeli per riscoprire sempre più il messaggio di Gesù.

Nella Chiesa antica c'era la consuetudine che il vescovo o il sacerdote dopo l'omelia esortasse i credenti esclamando: «*Conversi ad Dominum*», volgetevi ora verso il Signore. Ciò significava innanzitutto che essi si volgevano verso est, nella direzione del sorgere del sole come segno del Cristo che torna, al quale andiamo incontro nella celebrazione dell'Eucaristia. Dove, per qualche ragione, ciò non era possibile, essi in ogni caso si volgevano verso l'immagine di Cristo nell'abside o verso la Croce, per orientarsi interiormente verso il Signore. Perché, in definitiva, si trattava di questo fatto interiore: della *conversio*, del volgersi della nostra anima verso Gesù Cristo e così verso il Dio vivente, verso la luce vera. Era collegata con ciò poi l'altra esclamazione che ancora oggi, prima del Canone, viene rivolta alla comunità credente: «*Sursum corda*», in alto i cuori, fuori da tutti gli intrecci delle nostre preoccupazioni, dei nostri desideri, delle nostre angosce, della nostra distrazione, in alto i vostri cuori, il vostro intimo!

In ambedue le esclamazioni veniamo in qualche modo esortati a un rinnovamento del nostro Battesimo: «*Conversi ad Dominum*», sempre di nuovo dobbiamo distoglierci dalle direzioni sbagliate, nelle quali ci muoviamo così spesso con il nostro pensare e agire. Sempre di nuovo dobbiamo volgerci verso di Lui, che è la Via, la Verità e la Vita. Sempre di nuovo dobbiamo diventare dei convertiti, rivolti con tutta la vita verso il Signore. E sempre di nuovo dobbiamo lasciare che il nostro cuore sia sottratto alla forza di gravità, che lo tira giù, e sollevarlo interiormente in alto: nella verità e l'amore. In questa ora ringraziamo il Signore, perché in virtù della forza della sua parola e dei santi Sacramenti Egli ci orienta nella direzione giusta e attrae verso l'alto il nostro cuore. E lo preghiamo così: Sì, Signore, fa che diventiamo persone pasquali, uomini e donne della luce, ricolmi del fuoco del tuo amore. Amen.

Ecco, anch'io mi sento un «convertito perpetuo». Alla costante ricerca della Verità, della Vita e della Libertà, per inculcare sempre di più dentro di me l'amore vero per il prossimo, che è il dono più grande regalatomi dalla fede cristiana. Come sono chiare e profonde le parole dette da Benedetto XVI ricevendo il 21 settembre 2007 a Castel Gandolfo la delegazione dell'Internazionale democristiana:

L'esercizio della libertà religiosa comprende anche il diritto di cambiare religione, che va garantito non soltanto giuridicamente, bensì pure nella pratica quotidiana. La libertà religiosa corrisponde, infatti, all'intrinseca apertura della creatura umana a Dio, Verità piena e Bene sommo, e la sua valorizzazione costituisce un'espressione fondamentale di rispetto della ragione umana e della sua capacità di verità. L'apertura alla trascendenza costituisce una garanzia indispensabile per la dignità umana perché ci sono aneliti ed esigenze del cuore di ogni persona che solo in Dio trovano comprensione e risposta. Non si può pertanto escludere Dio dall'orizzonte dell'uomo e della storia! Ecco perché va accolto il desiderio comune a tutte le tradizioni autenticamente religiose di mostrare pubblicamente la propria identità, senza essere costretti a nasconderla o mimetizzarla.

Subito dopo il Santo Padre ha formulato, con estrema limpidezza e coraggio, il diritto a difendersi dal terrorismo perpetrato nel nome di Dio anche ricorrendo all'uso della forza, nel rispetto delle regole morali e dello Stato di diritto:

> Il terrorismo rappresenta un fenomeno gravissimo, che spesso arriva a strumentalizzare Dio e disprezza in maniera ingiustificabile la vita umana. La società ha certo il diritto di difendersi, ma questo diritto, come ogni altro, va sempre esercitato nel pieno rispetto delle regole morali e giuridiche anche per quanto concerne la scelta degli obiettivi e dei mezzi. Nei sistemi democratici l'uso della forza non giustifica mai la rinuncia ai principi dello Stato di diritto. Si può, infatti, proteggere la democrazia minacciandone le fondamenta? Occorre dunque tutelare strenuamente la sicurezza della società e dei suoi membri, salvaguardando tuttavia i diritti inalienabili di ogni persona. Il terrorismo va combattuto con determinazione ed efficacia, nella consapevolezza che, se il male è un mistero pervasivo, la solidarietà degli uomini nel bene è un mistero ancor più diffusivo.

Ecco perché denunciare senza mezzi termini il terrorismo islamico non significa in alcun modo essere un apologeta e un fautore di una «guerra di religione» o di una «guerra di civiltà». Ciò che l'Occidente non ha capito, o non vuole capire, è che è già in atto una guerra scatenata dal terrorismo e dall'estremismo islamico globalizzato, i cui protagonisti sono i taglia-gola e i taglia-lingua che massacrano e sottomettono nel nome di Allah tutti coloro che non sono a loro immagine e somiglianza. Io sono un ex musulmano che ha subìto e continua a subire questo terrorismo, e che ora, da cattolico, intende essere testimone di una verità storica e promotore del riscatto di valori e di un'identità senza cui l'Occidente, che affonda le sue radici nella fede e nella cultura giudaico-cristiana, non potrà affrancarsi e confrontarsi costruttivamente anche con i musulmani. Pur prendendo radicalmente e definitivamente le distanze dall'islam in quanto religione, sono assolutamente convinto che si possa e si debba dialogare con tutti i musulmani che, in partenza, condividono, senza se e senza ma, i diritti fondamentali della persona e perseguono il traguardo di una comune civiltà dell'uomo. L'errore in cui si incorre è di immaginare che i musulmani, come persone, sarebbero dei cloni che incarnano in modo automatico e acritico i dogmi dell'islam. Invece, come tutte le persone, sono una realtà singolare e complessa in cui la dimensione religiosa, che assume connotati diversi, si confronta con quella che è l'esperienza personale, frutto di uno specifico contesto familiare, psicologico, sociale, culturale, economico e politico.

Sono fiero di essere stato nell'ultimo decennio il musulmano che più di altri si è speso per affermare in Italia un islam della fede e della ragione. Ricordo con orgoglio che il 10 settembre 2004, per la prima volta nella storia d'Italia, una delegazione di musulmani moderati venne ricevuta al Quirinale dal presidente della Repubblica Carlo Azeglio Ciampi, e questo grazie alla pubblicazione, il 2 settembre 2004, sul «Corriere della Sera» di un *Manifesto contro il terrorismo e per la vita* da me redatto e fatto sottoscrivere a una trentina di musulmani che presumevo fossero moderati. Poi mi sono dovuto ricredere. Giacché quando devono confrontarsi con i dogmi e con i precetti dell'islam, come nel caso della mia conversione al cattolicesimo, la loro moderazione viene del tutto meno. Ovviamente ci sono delle eccezioni. Ma non è forse singolare che i più accaniti critici della mia conversione siano proprio i cosiddetti moderati, a cominciare dai sedicenti «138 saggi» dell'islam che hanno proposto un dialogo con il Vaticano sulla base di versetti coranici, estrapolati dal loro contesto, sull'unicità di Dio e l'amore per il prossimo?

Ormai la millenaria esperienza dei rapporti con l'islam deve insegnarci che il dialogo è possibile solo con quei musulmani che, quando si rivolgono nella propria lingua alla loro gente, accettano di assumere incondizionatamente, a prescindere da ciò che dice il Corano, una chiara e ferma posizione sulle questioni concrete, tra cui oggi certamente figurano il massacro e la persecuzione dei cristiani, la negazione del diritto di Israele all'esistenza, la condanna a morte dei musulmani convertiti in quanto apostati, la legittimazione del terrorismo palestinese e islamico, la discriminazione e la violenza nei confronti della donna e, più in generale, la violazione dei diritti fondamentali dell'uomo.

Denunciare tutto ciò, come ho fatto nella lettera che il «Corriere della Sera» ha pubblicato nel giorno di Pasqua e della mia conversione al cattolicesimo, non significa in alcun modo voler «dettare la linea» al papa o «politicizzare» il mio battesimo. Sono cose che io dico da molti anni e sarebbe stato veramente singolare che, di punto in bianco, me le fossi dimenticate. Magdi Cristiano resterà sempre il Magdi difensore dei valori inalienabili e inviolabili, con la sostanziale differenza che oggi questi valori convivono per lui in modo del tutto armonico nel contesto della religione e della cultura cattolica che ho scelto liberamente di vivere. E, soprattutto, saranno condivisi con il popolo della Chiesa. Quello stesso popolo che mi ha stretto in un abbraccio fraterno quando, al termine della cerimonia di conversione al cattolicesimo nella notte della Veglia pasquale, ha applaudito calorosamente mentre i sette nuovi cristiani uscivano dalla basilica attraversando la navata centrale, al seguito del Santo Padre.

Forse soltanto allora, osservando la felicità nei loro occhi e udendo parole di giubilo, ho preso atto che i fedeli erano sinceramente in festa e che i festeggiati eravamo noi. Si era così conclusa una grande festa religiosa e umana in cui la comunità cristiana raccolta in seno alla Chiesa e sotto la guida del vicario di Cristo, papa Benedetto XVI, aveva celebrato gioiosamente e pubblicamente l'ingresso nella fede in Gesù di sette nuovi cristiani, redenti e convertiti nel giorno della Risurrezione. E io continuerò, giorno dopo giorno, a convertirmi sempre più alla Verità, alla Vita e alla Libertà.

Grazie Gesù.

# Appendice

# I messaggi di solidarietà alla mia conversione

Carissimo,

dopo aver ascoltato alla radio la notizia della tua conversione, ho visto stamani in televisione le commoventi immagini del battesimo a opera di papa Benedetto XVI. Non voglio, né posso, né tantomeno devo entrare all'interno di una decisione che è un percorso intimo dell'anima e che come tale appartiene al mistero del nostro destino nel mondo. Sono però convinto che alle spalle di questa decisione vi siano motivazioni complesse e insondabili che meritano rispetto, affetto e soprattutto silenzio.

Anche l'ebraismo si occupa a lungo nel Talmud del convertito. La Torah impone continuamente al fedele di avere un affetto e un amore particolare per il proselito. Decine di volte ricorre nella Scrittura il comandamento *We-ahavta et ha-ger*, cioè «Amerai lo straniero»; nel Talmud il concetto di *gher*, a questo punto, subisce una metamorfosi divenendo *gher tzedeq*, uno straniero giusto che si unisce al nostro popolo per condividerne il destino. È nel libro di Ruth, dalla cui discendenza davidica proverrà il Messia, che la Bibbia racconta la più toccante storia di conversione. Alla suocera che la invita a ritornare al suo popolo, il popolo di Moab, così come aveva fatto sua cognata, Ruth risponde: «Non insistere perché io ti lasci, e me ne torni lungi da te; perché dove tu andrai io andrò; e dove tu starai, io pure starò; il tuo popolo sarà il mio popolo, e il tuo Dio sarà il mio Dio, dove tu morrai morrò anch'io, e quivi sarò sepolta. L'Eterno mi tratti col massimo rigore se altra cosa che la morte mi separerà da te!». Conclude con molta asciuttezza il testo: «Quando Noemi la vide fermamente decisa ad andare con lei, non gliene parlò più».

Elie Wiesel si pone, sull'argomento della conversione, delle domande, più che dare risposte: «Che cos'è in realtà la conversione? Una rottura dell'essere? Un crollo delle strutture esistenti? Una fuga verso l'ignoto? Un riorientamento della volontà? Una metamorfosi dell'anima? Una trasfusione di memoria? Una misteriosa spinta ad autodistruggersi per poter ricominciare? Qual è il ruolo che l'ambiente, l'educazione e la pressione del gruppo rivestono in una decisione del genere?».

Il Talmud distingue coloro che vogliono convertirsi in tre categorie: coloro che si convertono per paura, coloro che si convertono per cupidigia, coloro che non hanno altri scopi nascosti ma agiscono in sincerità; essi aderiscono alla nuova fede perché credono nella sua verità. Per concludere, la conversione deve essere volontaria, individuale e non dietro coercizione e nemmeno derivare da proselitismo.

Credo che tu in verità abbia ottemperato a tutte queste condizioni, che sono state sempre alla base della tua vita e del tuo agire responsabile.

Il dialogo che hai intrapreso da tempo con l'ebraismo e con tutti gli uomini di buona volontà troverà in questo tuo passo ulteriori motivi di approfondimento, nella direzione di una riaffermazione sempre più forte della sacralità della vita.

Con l'affetto di sempre

*Guido Guastalla (editore)*

P.S.: *mazaal tov* (auguri) a te e a Valentina in un giorno così bello anche per tutti i tuoi amici.

Caro Magdi Cristiano,

ho aspettato a scriverti questa lettera, perché volevo leggere le reazioni del mondo alla tua conversione. Io, da musulmana credente, voglio dirti che rispetto la tua scelta, come è giusto che sia. Perché la religione non può né deve essere imposta. Solo chi non è sicuro di ciò in cui crede ha paura della libertà religiosa. Io, da musulmana credente, non ho paura della libertà religiosa.

Credo che solo così ci potrà essere un vero dialogo. Caro Magdi, a me non interessano tutte le speculazioni fatte da musulmani o anche da quei cattolici che ora fanno il calcolo «viene a mancare la voce moderata dell'islam». Non è così che si ragiona, perché le posizioni, soprattutto in materia di Fede, devono essere sincere. Come musulmana io continuo a ritenere l'islam soddisfacente per il mio spirito. Tu hai trovato la pace interiore nella religione cattolica, è un tuo diritto annunciarlo al mondo.

Trovo ipocrita chi ti dice «avrei preferito che Magdi Allam si fosse fatto battezzare in una chiesetta». Se non mi ricordo male, non sei stato l'unico catecumeno che il papa ha battezzato. Forse secondo alcuni (anche secondo molti cattolici) sarebbe stato più comodo che tu avessi nascosto la tua fede nelle catacombe.

Io, a differenza di molti, non ho interpretato il tuo gesto come qualcosa contro il dialogo. Il dialogo non può essere qualcosa a senso unico. Ho cari amici di fede cattolica che hanno accettato le conversioni dal cristianesimo all'islam, e noi musulmani dobbiamo accettare che possa avvenire il contrario. Solo chi non è sicuro della propria fede ha paura delle conversioni.

Caro Magdi Cristiano, tu dici che è impossibile riformare l'islam dall'interno. Io invece voglio continuare a credere che non sia così. Capisco il tuo dispiacere e la tua delusione. È difficile essere dei musulmani che vorrebbero cambiare le cose all'interno dell'islam ed essere proprio per questo attaccati e isolati. I musulmani dovrebbero seriamente riflettere su questo. Tuttavia io voglio continuare a credere che una riforma all'interno dell'islam sia possibile, come mi ha insegnato il libro di Valentina Colombo *Basta!*, che raccoglie le voci di tanti musulmani (tra le quali c'era la tua) che vogliono riformare l'islam e renderlo compatibile coi diritti umani, contro il terrorismo e per i diritti delle donne musulmane.

Ma per far questo bisogna accettare la libertà di coscienza. La Chiesa l'ha accettata, io la accetto. Non ci può essere dialogo senza questa accettazione dalle due parti.

Caro Magdi Cristiano, tu hai detto che vuoi continuare a dialogare coi musulmani che accettano i diritti fondamentali dell'uomo. Io accetto questi diritti, sappi che qui c'è una musulmana, musulmana credente, che vuole continuare il dialogo, dall'interno dell'islam, su questi diritti umani, tra i quali c'è quello alla libertà religiosa. A differenza di tanti non mi sono dimenticata che il Corano dice «non vi sia costrizione nella religione». È una battaglia difficile, ma io la voglio continuare. Per il resto sappi che io rispetto la tua scelta: per me Magdi Allam e Magdi Cristiano Allam sono sempre quel Magdi che si è battuto per i diritti di tutti, che ha parlato senza ipocrisie contro il terrorismo e che ha difeso i diritti delle donne musulmane.

*Dounia Ettaib (impiegata)*

Mio caro Magdi,

Dio è veramente grande! Non finisce di stupirmi con la sua bontà nei nostri confronti.

Solo pochi anni orsono mi ha fatto dono dell'incontro con te, e ciò ha rappresentato una svolta nella mia vita per l'amicizia, la compagnia e la fraternità che da quel momento ne è nata ed è cresciuta sempre più.

Ho partecipato direttamente e con orgoglio ad alcune tue battaglie, ti ho conosciuto sempre meglio e ti ho parlato di me, fino a diventare, un po' alla volta e sempre di più, parte della tua famiglia.

Vedevo incarnate in te le parole del mio grande maestro don Giussani, che ripeteva sempre: «Tutto ciò che è autenticamente umano è già cristiano».

Per questo nella mia preghiera quotidiana per te non ho mai sentito la necessità di chiedere che tu compissi questo passo per un cambiamento, ma solo perché potessi sperimentare quel «di più» di gioia e compimento della vita che solo la compagnia del Signore ci può donare.

Puoi dunque capire bene la mia commozione e gratitudine in questo momento che ci vede, da ora in poi, ugualmente appoggiati sulla stessa solida roccia, Gesù Cristo, in nome del quale ripartire nel nostro cammino di testimonianza al mondo.

*Claudia Rocchetti (dirigente scolastico)*

Ho conosciuto Magdi Cristiano Allam circa un anno fa, quando stavo ultimando il libro scritto a quattro mani con l'amica suor Maria Gloria Riva. Stavamo cercando qualcuno che sapesse interpretare il nostro lavoro, che intendesse immergersi in *Volti e stupore. Uomini feriti dalla bellezza* con assoluta curiosità e stupore. Fu don Gabriele Mangiarotti a fare il nome di Magdi. Confesso: mi sembrava un'esagerazione. Intellettuale, scrittore e vicedirettore ad personam del «Corriere della Sera». Perché mai avrebbe dovuto accettare la nostra proposta? Altro livello di relazioni il suo, altre frequentazioni e conoscenze. «Il nostro non è un libro» dicevamo io e suor Gloria, «il nostro è un cammino, un percorso comune, la testimonianza che l'incontro è possibile.» «Magdi Allam poi non avrà neppure il tempo materiale per dedicarsi a noi...», così pensavo cercando di non crearmi illusioni. «Ci sta!» mi telefonò entusiasta don Gabriele. «Scriverà la prefazione al libro.»

Una prefazione può essere considerata un po' come la fase preparatoria di un viaggio. È necessario scegliere le cose giuste da mettere in valigia, stabilire percorso e tappe intermedie. Il viaggio è una domanda, è incontro. Per non sbagliare strada, per non perdersi nelle paludi è imprescindibile preparare il viatico. *Viaticum* come provvisione per il viaggio. Bene, noi avevamo bisogno di un testimone, di qualcuno che prendesse per mano le nostre storie e ne desse voce.

Magdi entrò in punta di piedi, con delicatezza e sensibilità. Schiuse porte, conferì un tono alle nostre parole. Egli fu il primo che concretizzò il nostro desiderio di comunanza. Rimasi affascinato dalle parole che usò per il nostro libro. Rese palese ciò che palese ancora non era: l'Amicizia. Ricordo ancora la prima volta che lo sentii telefonicamente. Suor Gloria era con lui e mi aveva annunciato che nel corso di quell'incontro mi avrebbero chiamato. Ero emozionato, volevo testimoniargli la mia gioia per aver capito, per essere entrato così prepotentemente nei nostri racconti, per essersi inserito nel nostro dialogo con partecipazione, condivisione e tatto. Non credo di essere riuscito in quella telefonata a esprimere compiutamente tutta la mia gratitudine. Non credo, ma da quel momento è iniziato un percorso di amicizia. Non più il vicedirettore ad personam del «Corriere della Sera» ma un amico che combatte una battaglia, un amico che in nome della libertà non abbassa lo sguardo neppure al cospetto di una condanna a morte. Un amico, un compagno di viaggio. Da quel momento, ci siamo incontrati, abbiamo avuto modo di affrontare momenti pubblici l'uno accanto all'altro.

Solo qualche giorno prima della Veglia pasquale ho saputo della sua conversione, la notizia mi ha scosso per il timore che quella scelta potesse mettere in pericolo la sua vita, ma non mi ha meravigliato la decisione in sé. Come ha avuto modo di dire don Gabriele Mangiarotti, la conversione di Magdi l'ho trovata, per così dire, «naturale». Non ho la «grazia di fede», ma ho partecipato al percorso di Magdi con il trasporto e l'affetto che solo agli amici è possibile riservare. Per la prima volta nella mia vita ho assistito alla Veglia pasquale. Domenica 23 marzo non mi trovavo neppure in Italia, ma grazie a un computer di fortuna sono riuscito a seguire, grazie a Sat2000, l'intera cerimonia. Partecipazione e tensione, emozione e afflato del cuore mi hanno catturato durante le tre ore della diretta televisiva. Un amico stava compiendo una svolta storica per la sua vita e una sorta di empatia mi ha coinvolto profondamente. Il giorno seguente, il lunedì dell'Angelo, ho voluto immediatamente chiamarlo per testimoniargli il mio affetto e, seppur a distanza, donargli il mio abbraccio. Abbracciare non è un semplice gesto d'affetto, implica accoglienza, dedizione e difesa. Nell'attesa di sentire la sua voce, sono stato colto dalla stessa emozione che ho provato la prima volta che ci siamo sentiti. «Una nuova prima volta» mi sono detto. Non so spiegare razionalmente questo fatto, ma esprimerlo mi sembra un atto dovuto, un gesto tutto interno al concetto di Amicizia.

Nei giorni seguenti avrei sperato per Magdi la possibilità di una «pausa», che gli permettesse di riposarsi da emozioni e tensioni fortissime. Le reazioni alla sua conversione sono state però di una ferocia inaudita. Per carità, le espressioni di affetto e di vicinanza non gli sono certo mancate, ma come sempre a fare clamore sono state le voci «fuori» coro, le urla stonate, le accuse di tradimento e apostasia. Non voglio ora ripercorrere i fiumi di parole spese, le tante dichiarazioni irresponsabili e offensive scritte sui giornali e pronunciate all'interno del mondo dei mass media, mi interessa però sottolineare un punto che credo centrale. Se le reazioni del mondo islamico potevano considerarsi «d'obbligo», sono state le critiche provenienti dal mondo occidentale che mi hanno impressionato.

Non mi interessa confutare, una per una, le tesi proposte, non mi interessa dare ulteriore pubblicità a demagoghi e menzogneri che hanno fatto della delegittimazione il loro esercizio retorico. Mi hanno però impressionato le dichiarazioni di alcuni intellettuali italiani. L'accusa che gli hanno rivolto non è quella di essersi convertito. La colpa di Magdi Cristiano sarebbe quella di averlo fatto pubblicamente e attraverso una celebrazione solenne. In pratica ritorna sempre a primeggiare la questione legata al ruolo pubblico della religione. I laicisti vorrebbero ridurre il «sacro» a una mera esperienza intima e privata, del tutto estranea alla dimensione collettiva. È l'ennesima pretesa di ridurre il cristianesimo a un ruolo subalterno rispetto alle pratiche quotidiane della modernità e del relativismo. Oggi si attacca Magdi Allam per la sua conversione pubblica e, facendolo, si rinnova l'attacco violento contro l'esperienza cristiana. I laicisti chiedono di operare un'astrazione intellettuale, epurando il pensiero e la cultura cattolica dalle vicende che riguardano la vita, la morte, la dignità e la libertà individuale. Non è necessario essere credenti per considerare tutto questo una follia totalitaria. Da amico e compagno di strada, saluto la nuova vita di Magdi Cristiano con il cuore aperto e la mano salda sul timone della verità.

*Fabio Cavallari (giornalista)*

Carissimo Magdi,
    ti ho conosciuto come uomo onesto e brillante, retto e capace di sentimenti luminosi.
    E ti ho conosciuto diverso tempo fa, senza sapere quale fosse e se ci fosse un magnete nella tua vita.
    Non era necessario per volerti bene, e lo dimostra il fatto che il tuo ingresso nella Chiesa, la mia Chiesa, non ha aggiunto niente a QUESTO sentimento.
    Ma dentro sento una tenerezza nuova, uno spirito di solidarietà più profondo: oggi siamo legati più strettamente, e per sempre, dalla dolce catena di Cristo.
    Tu conoscevi già la fiducia e la fedeltà che legano l'uomo all'uomo, ma non la Fede che ci fa salvi.
    Conoscevi già l'amore (i tuoi figli, tua moglie, i tuoi cari), ma alla scuola di Cristo ti sentirai sempre un balbuziente.
    Ma la Speranza, la Speranza di essere per sempre, di ricongiungerti coi tuoi per non esserne più separato, la Speranza che tutto abbia un senso e un fine più alto, quella l'avevi mai provata?
    Perciò ti auguro di vivere sempre al tepore di questa gioia, che è il sigillo di Cristo sull'anima dei suoi.

*Marina Fioretto (studentessa)*

Caro Magdi,

stasera che è la Santa Pasqua vorrei dirti tante cose e spero proprio di dirtele tutte con un cuore un po' in subbuglio.

La notizia della conversione per me non è stata poi una grande sorpresa, che sei stato vicino a Nostro Signore lo si intuiva già da molto tempo, basta poi sapere che cuore hai e questo già ti legittima cristiano. Io da brava impulsiva mi sono un po' offesa leggendolo sul giornale, ma dovevo chiamarti e dirtelo perché altrimenti non avrei dormito, non amo lasciare le mie cose in sospeso, mai. Adesso leggendo il tuo articolo mi vergogno un po', ma soprattutto mi sento molto triste perché la conversione a qualunque religione è sempre una grande gioia, ma sapere che questo comporta rischi, condanne a morte, ricatti e soprattutto vivere la propria religiosità al buio e soli è umanamente inaccettabile.

Purtroppo questa è la realtà che stiamo vivendo in questo periodo storico così dilaniato da odio, paura, morte, ma proprio per questo voglio dirti che Gesù è morto sulla Croce sapendo tutto questo e perdonandoci malgrado tutte le atrocità che abbiamo commesso e che commetteremo. Il nostro Dio è un Dio d'amore e di pace e di tanti martiri che hanno amato più della loro vita. Questa è la nostra forza, l'amore e il perdono, due emozioni che ti ridanno la forza di ricominciare. Sembra sempre che il male prevalga sul bene, non è così, non è così, il male ha soltanto il volume più alto, crea frastuono, il bene è lento, duraturo, è come un lavoratore infaticabile che va sempre avanti, malgrado tutto. Piano piano arriverà alla sua meta e la gioia sarà la ricompensa. Questa è la vita dei cristiani, soffrire con Dio, ma nella sofferenza amare e salvare sempre qualcuno.

Benvenuto Magdi, benvenuto di cuore. Vorrei dirti tante altre cose, ma te ne dico solo una: quell'uomo che camminava sulla spiaggia vedendo non solo le sue orme ma anche quelle del Signore vicino a lui a un tratto non vedendole più si impaurì e chiese al Signore perché lo aveva lasciato solo, il Signore sorridendo gli rispose: «Mentre pensavi di essere solo non ti sei accorto che ti stavo portando in braccio!».

Ebbene, quando siamo nell'abbattimento, nella tristezza, nello sconforto più grande, dobbiamo pensare anche che Lui non ci abbandonerà mai, perché non lo ha mai fatto! Camminare con il Signore è la nostra forza. Ti voglio bene, Magdi, e vi voglio bene, che il Signore stia sempre vicino a te e non solo, alla tua famiglia e a chi ti protegge, questo è il mio augurio in questa sera di Pasqua.

*Giuseppina Crisafi (imprenditrice)*

Farete cose più grandi di me ha detto Gesù ai suoi nel momento dell'addio. E così avviene, puntualmente nella vita della Chiesa, in quella Chiesa fatta dalla storia di tutti, dei piccoli e dei grandi, di ciascuno di noi. La Chiesa siamo noi diceva già acutamente il grande Agostino e in noi il Vangelo continua a scrivere pagine meravigliose.

Una ve la vogliamo raccontare perché ci riguarda da vicino.

Ci sono degli atti nella vita di un papa che hanno la forza e lo spessore dei grandi discorsi di Gesù. Così fu ad esempio il discorso di papa Benedetto XVI a Ratisbona. Lo scandalo suscitato e la profondità raggiunta da quel discorso è davvero paragonabile a una pagina evangelica. È stato quest'evento che ci ha fatto incontrare Magdi Allam.

Fin qui, niente di strano: don Gabriele Mangiarotti, conoscendo e stimando la lucidità di pensiero del vicedirettore del «Corriere della Sera» lo invita, per conto di mons. Luigi Negri, a un dibattito sul tema in quel di San Marino. L'invito si trasforma in un incontro e il tanto celebrato Magdi Allam diventa un fratello. Don Gabriele trascorre con lui un giorno pieno di amicizia che in qualche modo rende palese un'appartenenza già decisa, già scritta da qualcun altro per noi.

Con me l'incontro avviene dapprima telefonicamente, poi, in modo diretto, a casa sua. È l'inizio di una storia fatta di gesti semplici e sinceri che portano il sapore dell'eternità.

Man mano che passava il tempo e si approfondiva l'amicizia l'anima di questo nostro amico si apriva sempre più mostrando la sua straordinaria trasparenza e il lavoro sottile che la grazia stava operando in lui. Un giorno, a casa sua ci ha presi in disparte: «Voglio essere di Cristo» ci ha detto. Poi con voce pacata e profonda ci ha confessato quanto questo papa abbia inciso sul suo percorso e abbia introdotto la sua profonda riflessione attorno all'islam entro la necessità di una fede che sia sostenuta dalla ragione.

In quell'ora trascorsa con lui, tutto si è fermato. La natura attorno a noi pareva immobile tanto il nostro cuore tratteneva il respiro.

Ciò che ci sgomentò fu il pericolo cui egli sarebbe andato incontro con una dichiarazione pubblica della sua conversione. Ma sapevamo che non sarebbe potuto essere che così. La determinazione e la serietà con cui Magdi affronta ogni cosa non poteva che accordarsi con questo nuovo e importante passo della sua vita.

Eppure, alla soglia del grande passo, quando ci informò che il Santo Padre aveva deciso di battezzarlo nella notte di Pasqua, Magdi con uno sguardo da fanciullo ci disse: «Il pericolo c'è, ma non per me. Per il papa. Dovete pregare per il papa».

Pensavamo a questa consegna poco prima di arrivare a Roma,

pensavamo, con le lacrime agli occhi, come l'aprirsi alla verità del cuore di Magdi sia stato anche un progressivo dilatarsi alla carità, che è quell'amore con cui Cristo ci ama.

La veglia si è consumata così nel fuoco nuovo in una basilica di San Pietro gremitissima e solenne. Una cerimonia affascinante ha fatto da corona all'omelia del papa profonda e semplicissima.

La commozione è stata forte per don Gabriele e me: essere lì nel cuore della Chiesa con un amico che diventa fratello, essere lì non come fortunati spettatori occasionali, ma come protagonisti di un'avventura. Le parole del papa ci hanno richiamato al rischio che questa fratellanza comporta: «Il buio di tanto in tanto può sembrare comodo, possiamo nasconderci, stare più comodi, ma noi non siamo chiamati a stare nelle tenebre: siamo figli della luce … Teniamo stretta la mano di Cristo, non abbandoniamo la sua mano: camminiamo sulla via che conduce alla vita».

Vogliamo, con Magdi, tenere la mano stretta a Cristo percorrendo questo tratto di storia in cui così fortemente pare imperare il dominio delle tenebre. Vogliamo essere degni di questa amicizia che così fortemente ci richiama a fare dono della vita a Cristo senza condizioni.

Una cosa rimane nel cuore per sempre: nel momento più solenne, mentre l'acqua scorreva sul capo di Magdi, la voce del Santo Padre è risuonata più chiara e più vibrante che mai: «Cristiano, io ti battezzo nel nome del Padre e del Figlio e dello Spirito Santo».

Cristiano. Grazie, Magdi: questa parola ora sulle nostre labbra non avrà più lo stesso suono. Tolta dalle ripetizioni qualunquistiche e annoiate, ora è rigonfia di vita, di lacrime e speranza.

Caro Magdi Cristiano, davvero Cristo c'è e ancora ci sorprende legandoci gli uni agli altri dentro pagine di vita meravigliose.

*Suor Maria Gloria Riva*

Caro Magdi,
    sono venuta a sapere solo questa mattina della tua «entrata» nella religione cristiana. Colgo l'occasione, quindi, per farti i doppi auguri: per una Pasqua ora anche tua e per il tuo grande coraggio nell'abbracciare il cristianesimo. Anche se ora è «ufficiale», tu sei sempre stato cristiano nel cuore, per aver difeso gli stessi valori che difende la Chiesa, primo fra tutti la sacralità della vita.

Un forte abbraccio da parte mia e della mia famiglia (tutti molto felici della notizia, specialmente mamma!) e, di nuovo, l'augurio di tanta felicità e fortuna, di cui hai bisogno ancora più di prima.

Buona Pasqua!!

*Benedetta Baldassari (studentessa)*

Carissimo Magdi Cristiano,
    ecco quello che ho scritto sul sito [http://www.culturacattolica.it/
default.asp?id=17&id_n=8279]: «Per l'imam Yahya Pallavicini, vicepresidente della Comunità religiosa islamica, "non c'era nessun
bisogno, per dimostrare l'amore per Gesù, di rinnegare l'amore e
la fede per il profeta Mohammed. I musulmani hanno, all'interno
della loro dottrina, il riconoscimento più alto della figura di Cristo
e della Vergine Maria". Per questo, spiega l'imam, "non capisco il
perché della scelta di rinnegare la tradizione del messaggio islamico: qualsiasi apostasia è vista con forte perplessità": così leggo sul
sito della "Repubblica"». Che strano! Eppure mi pare che questo
stesso personaggio che «non capisce» sia figlio di un convertito al-
l'islam. E perché suo padre l'avrebbe fatto, se in fondo non c'è bisogno di conversione, ma di integrare le proprie nuove convinzioni in una vecchia credenza? Mi pare che tutto si giochi nel rispetto
della persona e della sua libertà. E se devo essere sincero, sono lie-
to e fiero di essere cristiano, con un magistero della Chiesa che ha
sempre esaltato la libertà dell'uomo come valore supremo, e di
una educazione, come quella di mio padre, che mi ha sempre insegnato il rispetto per chiunque, anche per chi la pensa diversamente da te. E poi per quanto ho appreso dall'insegnamento di don
Giussani, che ha sempre guardato l'altro con la capacità di abbrac-
ciarlo, in qualunque situazione si trovasse. Da questo punto di vista il Meeting per l'amicizia tra i popoli, di Rimini, è sempre stato
un faro di civiltà, dialogo e rispetto, nella chiarezza di una identità
proclamata.
    Ben venga la scelta di Magdi Cristiano Allam di abbracciare la
religione che maggiormente corrisponde al suo cuore e alla sua ragione! Che nel mondo si incominci a respirare l'aria nuova del rispetto reciproco e della capacità di confronto, senza irenismo né
ostracismi! Intolleranza e relativismo sono due facce non nobili
della stessa posizione umana (che è vecchia di anni) di incapacità
di amare l'uomo, così come è, di carne e di sangue, con la sua storia
e le sue fatiche, gioie, dolori, contraddizioni, scoperte…
    Come è profondamente diverso e affascinante quello che è acca-
duto nell'amicizia tra una suora di clausura, un non credente di sinistra e un – allora – musulmano laico che hanno saputo scrivere
un libro insieme, non per ragioni editoriali, ma per una vera capacità di rispetto e di stima reciproca. E tutte le volte che li ho accom-
pagnati nei tanti incontri pubblici, quale senso di stupore e di «aria
nuova» che si è respirata! [per chi non lo sapesse mi riferisco al libro *Volti e stupore. Uomini feriti dalla bellezza*, di sr. Maria Gloria Riva
e Fabio Cavallari, pubblicato dalle Edizioni Paoline, che è già giun-

to alla terza edizione, e che è stato presentato in più di una ventina di città, sempre con un pubblico eterogeneo ed entusiasta].

Certamente è vero che il rispetto della libertà religiosa è la cartina di tornasole, la misura di verità di un'autentica civiltà: non esiste civiltà umana che voglia essere tale in cui questo principio non sia difeso e promosso, e le civiltà e gli Stati che non la garantiscono sono un'autentica offesa alla dignità dell'uomo.

Guardando alla scelta di Magdi Cristiano Allam penso che il suo gesto sia nella linea di una pace e di una civiltà più umana, più vera, dove tutti potranno vivere meglio. Questo è davvero soltanto ciò di cui c'è bisogno. *Ora et labora et noli contristari.*

*Gabriele Mangiarotti (religioso)*

Dire che mi hai sorpresa è dire davvero poco. In parte, anche: sconvolta, ma su questo mi dilungherò più avanti. Suppongo che, a brevissimo, ci offrirai una lettura più approfondita delle scelte e del percorso che ti hanno portato a compiere questa importante e significativa decisione per la tua vita. Molto di più lo apprenderemo dal tuo nuovo libro. Io ti faccio i miei migliori auguri. L'augurio di una grande serenità nella nuova luce spirituale che hai cercato e trovato; l'augurio di non farci ancor più rimpiangere il Magdi laico di prima della «sacralità» (e non «responsabilità» come io sono impegnata a viverla) della vita. Perché è da allora che alcuni di noi hanno percepito il tuo cambiamento, aumentato dal tuo sostegno totale a Benedetto XVI, che io in parte percepivo come un ottimo e potente tuo alleato nella tua difficile vita blindata e minacciata dall'odio e dal pressappochismo intellettivo/intellettuale di troppi tuoi nemici e denigratori. Gli stessi denigratori della verità e dei diritti dei musulmani ed ebrei e israeliani a favore delle tesi e dei diktat/ricatti di cricche islamiche e politiche estremiste. D'altra parte, ti leggevo sempre meno laico e non riuscivo a seguirti in tutte le tue certezze, nella chiusura a cerchio dei tuoi concetti senza appello. Una dimensione che appartiene a chi sposa una dottrina senza più metterla in discussione come, invece, è prerogativa del laico. D'altronde, se già eri incamminato nel percorso della conversione al cattolicesimo, chi più carismatico e attraente di Benedetto XVI a favorirla?!

Penso che dovremo aspettare alcuni o tanti anni prima di conoscere il Magdi della «fusione» tra le tue quattro significative esperienze di vita. L'arabo musulmano, anche se formato alla scuola dei Salesiani; la reazione coraggiosa all'indottrinamento dell'odio contro Israele con la ragione e la conoscenza; l'italiano e, ora, il cattolico. Se la prima esperienza è stata obbligata per nascita, la seconda ha dimostrato la validità della tua formazione culturale che ti ha portato a uscire da schemi indotti; la terza, una scelta consapevole perché hai dimostrato di averla compiuta in nome dei principi e valori di una cittadinanza che non hai acquisito solo per necessità o comodo; ora, l'ultimo tuo percorso e nuova dimensione spirituale/culturale che si aggiunge alle precedenti del tuo vissuto. Ma poiché è una dimensione che stai vivendo nel pieno del suo essere, è solo fra alcuni anni che ci potrai far sapere se si tratti di un arricchimento ulteriore alle tue già preziose esperienze, o se la tua italianità e cattolicesimo domineranno e relegheranno in uno stanzino della memoria – senza ulteriore interesse, salvo quello degli affetti, ovviamente – la tua prima essenza di vita.

Io spero, naturalmente, nella prima ipotesi, perché raggiungeresti un grado di saggezza esemplare da cui avremo moltissimo da imparare. Tuttavia, quattro sono le domande che ti rivolgo, perché credo che saranno quelle che motiveranno in buona o malafede le reazioni alla «bomba mediatica» del tuo battesimo. Ti saresti fatto battezzare anche in qualunque forma privata, oppure solo se a battezzarti fosse stato il papa? Ne consegue la seconda domanda, anche in vista dell'unica reazione conosciuta, cioè quella dell'Ucoii, che afferma di rispettare la tua decisione: se ti fossi fatto battezzare in modo anonimo, e non da Benedetto XVI con tanto di effetto mediatico, avresti rischiato troppo? Io sono dell'idea che sì. Al di là del tuo coerente percorso a fianco del papa da due anni circa (più evidentemente), in concomitanza delle tue delusioni sul governo di centrodestra e sulla politica in genere, senza la «protezione» di Benedetto XVI, penso che gli strali si sarebbero abbattuti su di te. Altro che rispettare la tua decisione da parte dell'Ucoii, per esempio, ma fatwe a tutto spiano... Sbaglio? Quanto, inoltre, in questa tua decisione (di convertirti) ha inciso la consapevolezza di essere visto come nemico e apostata da vari paesi arabi in cui forse avevi difficoltà ormai a entrare, ancor più a svolgere il tuo giornalismo d'inchiesta? Inoltre, almeno tecnicamente, quando ti dichiaravi musulmano laico per contrastare i tuoi detrattori che ti accusavano di essere copto o comunque battezzato, non stavi mentendo?

Spero che tu mi conosca abbastanza per sapere che nessuna malevolenza mi spinge a farti queste domande, che ritengo siano quelle che tanti si fanno in questo momento, chi apertamente come tuo amico – quale mi considero anch'io – e chi strumentalizzandole come tuo nemico. L'essere sconvolta appartiene alla consapevolezza che una forte, chiara e coraggiosa voce musulmana laica sia venuta a mancare da ieri sera. Forse invalidando anche buona parte del tuo impegno precedente, offrendo un valido argomento ai tuoi detrattori, laddove ti riferisci a te stesso come a un musulmano laico, perché la tua conversione era già in atto. Mi chiedo, inoltre, se potrai essere ancora credibile sentenziando contro la degenerazione dell'islam non essendo più musulmano. Ancor peggio, dal punto di vista degli estremisti islamici, ex.

Egoisticamente, avrei preferito continuare a vederti come uno dei tanti paladini dell'islam migliore. Viene a mancare, con te, l'unico grande apporto in Italia che ci faceva sperare che esistesse un islam della coesistenza e la sua rinascita spirituale e culturale. Nonie Darwish si è convertita, Ibn Warraq si definisce ateo, tu ti sei convertito. Due domande conclusive: come può realizzarsi la rinascita dell'islam, se alcuni dei suoi rappresentanti migliori lo abbandonano? Non è un cedere di fronte alla sua degenerazione e, di fatto, legittimarla?

Queste sono le prime riflessioni che mi sono venute alla mente e ne verranno sicuramente altre dopo che ti avrò letto e in seguito alle certe reazioni. Volevo attendere a scriverti, leggere prima, ma temevo che tu potessi interpretare il mio silenzio come una critica. Invece, voglio che tu sappia che rispetto e ammiro il tuo percorso umano.

Un forte abbraccio,

*Danielle Sussmann (ricercatrice)*

«Voi siete la luce del mondo; non può restare nascosta una città collocata sopra un monte, né si accende una lucerna per metterla sotto il moggio, ma sopra il lucerniere perché faccia luce a tutti quelli che sono nella casa. Così risplenda la vostra luce davanti agli uomini, perché vedano le vostre opere buone e rendano gloria al vostro Padre che è nei cieli» (*Mt* 5,14-16). Che aggiungere, caro Magdi Cristiano? Gesù Cristo ci esorta a non nascondere la nostra fede, a fungere da faro per tutte le nazioni, a essere i Suoi araldi su questa terra. Con la tua conversione pubblica, ti sei fatto «lucerna» che illumina gli abitanti della casa, hai coraggiosamente deciso di affrontare l'accusa più infamante e pericolosa della sharia – quella di apostasia – e hai voluto condividere con tutti gli uomini la gioia dell'incontro con il Signore risorto, sapendo che il Suo sguardo benevolo sorride a te e a tutti coloro che si battono per la giustizia, la vita e la Verità.

Tanti ignoranti «intellettuali» italiani, tanti sciocchi «laicisti» (e non «laici»!), tanti rappresentanti dell'islam fondamentalista presenti in questo nostro paese stanco e accidioso hanno pateticamente biasimato la maniera – a loro parere – troppo pubblica e ostentata con cui la tua conversione sarebbe avvenuta. Per quanto mi riguarda, preferisco dare credito al «New York Times», «che sottolinea come il battesimo sia stato "un segreto ben custodito" fino alla diffusione di un comunicato meno di un'ora prima dell'inizio della funzione di Pasqua sabato sera» (corriere.it, *La conversione di Magdi Allam fa il giro del mondo*, 23 marzo 2008). Come direbbe il buon Dante, «non ragioniam di lor, ma guarda e passa».

Per concludere, mi trovo a doverti ringraziare per questo tuo ennesimo atto di coraggio e di coerenza verso la fede nella sacralità della vita, a doverti ringraziare per esserti fatto umile «lucerna» che ha dato nuova luce e nuovo vigore a tanti cristiani e a tutti gli uomini di buona volontà. Ricordando sempre con fervore uno dei passi più belli del Vangelo, quello delle Beatitudini, e in particolare l'ultima Beatitudine, che sembra proprio fare al caso tuo:

«Beati voi quando vi insulteranno, vi perseguiteranno e, mentendo, diranno ogni sorta di male contro di voi per causa mia. Rallegratevi ed esultate perché grande è la vostra ricompensa nei cieli» (*Mt* 5,11-12) .

*Lorenzo Gherlinzoni (studente)*

Carissimo Magdi Cristiano,

vorrei saperLe dire tutto quello che mi riverberano nel cuore (ma sento tutta la mia inadeguatezza) la Sua conversione e il gesto del Battesimo ricevuto dalle mani di Benedetto XVI, attraverso il quale Lei è entrato nel pieno abbraccio e nel possesso amoroso di Gesù. «Chi mai potrà parlare all'uomo dell'amore di Cristo, traboccante di pace?» ripeteva spesso don Giussani, citando una frase di Dionigi l'Areopagita. Innanzitutto una gioia e una gratitudine a Dio grandissime, che superano anche la sorpresa di un avvenimento inatteso.

Lascio ad altri, più capaci di me e anche per non dilungarmi troppo, la riflessione sulla portata dell'evento. Desidero però ringraziarLa per il valore di testimonianza pubblica che ha voluto dare al gesto, perché il cristiano è chiamato a essere testimone. E La ringrazio per l'appello alla libertà religiosa, senza la quale non può esistere alcun'altra libertà, perché è la radice stessa, la nota più originale e profonda, dell'io.

Ma quello che mi riverbera più di tutto negli occhi e nel cuore è una parola sola, anzi un fatto che ha la fisionomia di un incontro, dell'incontro con una persona: Gesù.

«"Maestro, dove stai di casa (dove rimani)?" "Venite a vedere." Andarono e videro dove abitava e rimasero con Lui quel giorno. Erano circa le quattro del pomeriggio.» Mi commuove sempre il fatto che il Signore mi conceda di riaccorgermi che il cristianesimo non è solo la Verità, ma è un incontro umano gratuito, un abbraccio, una compassione di me, di te, del mio, del nostro niente. Un abbraccio che non ci lascia più e che ha pietà del nostro niente. Solo nell'amicizia cristiana mi sento guardato, trattato, valorizzato, amato e perciò anche corretto, in una parola preso sul serio in tutta la mia esigenza umana vera.

Ringrazio Lei e il Signore per la testimonianza che ci ha offerto e per la promessa di bellezza di un incontro che maturerà e fiorirà sempre di più. Ora La sento ancor di più amico, fratello, compagno e maestro sulla comune strada che ci porterà sempre di più a scoprire, dentro l'esperienza, chi è Cristo per ciascuno di noi. E poi La ringrazio perché è anche attraverso di Lei – dopo aver assistito all'incontro di Carpegna dell'agosto dello scorso anno, in cui sono rimasto «ferito» dalla bellezza della vostra amicizia (Lei, Fabio Cavallari, suor Maria Gloria e don Gabriele), dalle parole, dai gesti e dagli sguardi – se mi è sorto il desiderio di andare a cercare a casa sua, il giorno dopo, suor Maria Gloria. L'incontro e l'amicizia con lei hanno rinnovato in me l'interesse e la passione per Gesù, come unica strada al Vero, al Bene, al Bello, e quindi a ciò che compie la sete di pienezza del mio io.

Con il vivo desiderio di poterLa conoscere di persona all'incontro del prossimo 6 aprile a Roma (possiamo dare l'avviso sul sito?), La abbraccio fraternamente

*Michele Pompei (impiegato)*

Come aveva ragione Madre Teresa, quando affermava: «Io non sono che una piccola matita nelle mani di Dio». Abile proprio, questa matitina, a disegnar... Cristiano; punta fine, veramente. E poi, dall'altro lato non c'ha il gommino, per cancellare. Per noi saranno percorsi intricati, complicati, inestricabili, ma siamo attori con un copione, a cui è dato spesso di improvvisare – nel bene come nel male – ma scambi e binari li traccia lei, la matita. Strappare un foglio non basta: cancellini e scolorine non l'avranno mai vinta, ché la matitina non sarà mai stanca di tracciare trame, e pur per loro avrà destino e destinazione. Spezzare vite è come tentar di rompere la punta al buon Dio, ché quello vero apre, e non chiude le porte! Come dare il benvenuto a Magdi Cristiano Allam: non è mai stato lontano, ché il suo lottare per il rispetto e la sacralità della vita lo ha sempre tenuto ai piedi di Dio. Semplicemente, sono a dire: caro amico, sono contento che quegli auguri di tanta, tanta serenità con cui chiudevo i miei messaggi per te siano diventati realtà. Per Cristiano; per voi: Valentina e Davide.

Un abbraccio fraterno

*Giuseppe Fontana (impiegato)*

«Per me è il giorno più bello della vita. ... Il miracolo della Risurrezione di Cristo si è riverberato sulla mia anima.» Caro Magdi Cristiano, ti auguro che la pace e la gioia della Pasqua possano sempre accompagnarti e illuminare ogni giorno della tua vita. Un abbraccio e ogni benedizione.

*Silvana Tasca (ricercatrice)*

Carissimo Magdi Cristiano Allam,
certamente questa Pasqua segnerà tutta la tua vita: niente sarà come prima; perderai tanti amici e ne guadagnerai altri; sarai maledetto da tanti e benedetto da molti; tanti ti abbandoneranno e tanti altri ti prenderanno come esempio; avrai momenti d'immensa gioia e d'immensa tristezza, di sentirti solo e abbandonato anche da coloro che ieri ti dicevano: «ti saremo sempre vicini» e forse il sentimento di amarezza conoscerà la strada del tuo cuore in alcuni momenti ... ma non ti scoraggiare mai perché la tua fede ti darà sempre la forza di andare avanti, di sconfiggere le tentazioni, e il Cristo, che hai scelto come Salvatore, non ti lascerà mai solo. Questo tuo coraggioso gesto sarà balsamo per le ferite di tanti fratelli cristiani sofferenti per Cristo e di tanti altri che vivono nella paura e non hanno ancora il coraggio di manifestare la propria fede.
Cristiano, oggi Cristo si servirà di te, della tua penna, della tua opera di scrittore e giornalista per mostrare che gli uomini di oggi non sono stanchi del cristianesimo: non l'hanno ancora abbastanza conosciuto per esserne stanchi ... si servirà di te per dire a tutto il mondo: «CORAGGIO, NON ABBIATE PAURA ... la fede è la fiamma che illumina la ragione e apre il cuore dell'uomo all'immensità dell'AMORE...».

*Abuna Yoannis Lahzi Gaid (religioso)*

Caro Magdi Cristiano,
nonostante possa quasi essere tua figlia, mi permetto di parlarti come a un fratello, perché ti considero tale da quando ho avuto la notizia della tua conversione. Ho letto tanti tuoi articoli sul «Corriere», che mi hanno fatto maturare una grandissima stima nei tuoi confronti. Tu che, da musulmano, critichi gli stessi musulmani per amore della Verità, senza paura per le conseguenze che ciò ha comportato; tu che difendi il valore della vita umana e della sua dignità, la libertà di opinione e quella religiosa, sei sempre stato per me un esempio chiaro di come questi valori, nei quali anch'io credo fermamente, vadano affermati davanti al mondo intero senza paura. Ho avuto il piacere di ascoltare la tua testimonianza durante un incontro a Pontresina nel 2005 e l'anno dopo al Meeting di Rimini,

e ciò che dicesti in quelle occasioni non ha fatto altro che rafforzare il giudizio di stima nei tuoi confronti.

Ho pensato spesso che le tue idee – o meglio, la tua esperienza – da musulmano fosse più cristiana di quella di molti che si professano come tali, e che l'amore alla Verità, alla Giustizia, alla Bellezza e alla Bontà di cui sei portatore ti avrebbe un giorno portato all'origine di queste ultime, che è Cristo fatto uomo. Solo non sapevo se, facendo i conti con questo fatto, saresti stato così libero e semplice nel dirgli di sì. E così è stato, per grazia di Dio...

Voglio ringraziarti per la testimonianza di fede e coraggio che hai offerto all'Italia, a tutto il mondo, e soprattutto a noi cristiani, che forse troppe volte abbiamo paura di dire chi siamo e di Chi siamo, e rischiando molto meno della vita! Grazie! La tua sorella in Cristo

*Michela Doronzo (studentessa)*

Caro Magdi Allam,

mi limito a chiamarLa con il primo nome, così come mi limito a dire il mio primo nome (ne ho altri tre: Maria, per devozione alla Madonna; Antonio, per devozione a sant'Antonio da Padova; Giovanni, per devozione al Beato Giovanni XXIII), per semplicità e perché niente è cambiato, seppure tutto sia cambiato.

Non Le nego che sono rimasto sorpreso e impressionato alla notizia della Sua conversione al cristianesimo cattolico, ma avevo alcune perplessità sulla scelta di farlo nella ricorrenza della Veglia pasquale.

Prima di scrivere questo post ho letto, però, il Suo articolo sul «Corriere» e ho capito: le mie perplessità sono svanite, perché le argomentazioni sono forti, condivisibili, non rinnegano l'Islam, ma denunziano l'interpretazione violenta e xenofoba che ne hanno dato i lettori epigoni della logica dell'esclusione, senza che i critici – fautori di una logica inclusiva e di rispetto reciproco – potessero avere lo spazio augurabile.

In più, mi colpisce molto – fin dal suo affacciarsi sul loggione di San Pietro – la semplicità incisiva e l'incisiva semplicità della monumentale capacità comunicativa di questo Umile Strumento nella Vigna del Signore, questo mite professore di Teologia che risponde al nome secolare di Joseph Ratzinger. Che ha voluto gridare al Mondo: Noi Non Abbiamo Paura di annunziare la Verità di Cristo alle Genti, con la serena consapevolezza dei tempi moderni e rinnegando qualsivoglia passato di violenta imposizione. La Gioia di Cristo consiste nella Libertà di accoglierlo.

Egli, tedesco che più tedesco non si può, traghetta moralmente la Germania che si vergogna dei misfatti del passato in un futuro europeo, che sia pacifico perché illuminato dalla Verità.

Senza Paura. Rischio di dilungarmi, cristianamente.

Perciò, in questa giornata speciale, che ricorda un Evento Eccezionale storicamente incontrovertibile, mi fermo e porgo a Lei, alla Sua Signora, ai Suoi figli (cattolici o meno che siano, che differenza fa?) infiniti Auguri di Buona Pasqua e un Sereno Lunedì dell'Angelo, ma rivolgo una preghiera al Suo Angelo Custode (che già fa gli straordinari…): non mollare!

Auguri,

*Vincenzo Scichilone (imprenditore)*

Caro Magdi,

il mio cuore ti è vicino in silenzio e sono con te, sempre. La tua scelta religiosa va rispettata. La spiritualità di ognuno di noi è un fatto personale e sacro. Auguri per il tuo cammino di vita sofferto, ma che persegue la via della verità, della ragione e della libertà come ci ha insegnato Gesù.

*Luisa Battisti (infermiera professionista)*

Grazie, Cristiano Magdi, anche per aver ricordato che essere cristiani è una scelta. Qui ormai da decenni si è diffusa la viltà di credere che il coraggio sia scagliarsi contro il cristianesimo, mistificandone l'essenza, con la scusa, e neppur sempre, dei tanti errori che la Chiesa compie e ha compiuto, dimenticando così la sorgente.

Grazie per aver mostrato e ricordato che essere cristiani è una scelta, forte, pubblica, difficile. E che siamo una comunità. Ho sentito i commenti di gente semplice: hai dato a molti la gioia dell'esempio di una testimonianza vera, quella che dovrebbe essere la nostra, e molti te ne sono grati. Il tuo battesimo ha dato a molti di noi nuovo coraggio.

La pace e la forza siano con te!

*Federica Mormando (psichiatra)*

Caro Magdi Cristiano,

benvenuto tra noi, anche se in realtà tu sei sempre stato tra noi, essendo uno dei fratelli migliori, con la tua ricerca costante della verità con la ragione. Ti confesso che la tua conversione non mi ha assolutamente sorpreso ma mi ha commosso e fatto gioire per subito dopo procurarmi l'angoscia e la tristezza di chi sa un amico in pericolo, vorrebbe aiutarlo ma purtroppo non può fare nulla, così ho pregato per te la nostra Madre dei Cieli affinché sollecitasse il suo Figlio a non distogliere lo sguardo e l'attenzione da te e ti segua e ti guidi ogni giorno della tua vita, fino a quando, con bastone e barba bianca, vedremo tutti gli esponenti delle religioni Monoteiste predicare e attivarsi affinché la Pace, la Verità, la Ragione e l'Amore regnino tra tutti gli uomini e sono certo che il nostro Padre Celeste e Dio di tutti gli uomini, ti aiuterà a mantenere la tranquillità e la forza di continuare il tuo percorso sino a coinvolgerci, davvero in tanti, e lavorare tutti per migliorare questo, nonostante tutto, bel mondo.

Un abbraccio forte e un grosso augurio di continuare con successo e ogni bene.

*Antonio Ronzino (pensionato)*

Caro Magdi Cristiano,
quando ci siamo conosciuti nella mia città, Brindisi, sono rimasta colpita dalla tua pensierosa serenità. Quella domenica abbiamo parlato anche della mia fede cattolica, che per me rappresenta la luce che mi fa scorgere solo il bene in ogni persona. Dopo quando ci siamo salutati nella serata mi hai mandato un sms ringraziandomi per averti testimoniato il mio percorso di fede.

Magdi Cristiano, sei sempre stato proiettato all'attenzione e alla cura verso gli altri. Tu nel tuo cammino giornaliero hai sempre ascoltato i poveri in spirito, hai consolato gli afflitti, sei sempre stato operatore di pace.

Adesso hai preso questa croce per difendere e dare voce a tutti coloro che pur amando Gesù Cristo non possono manifestarlo in libertà perché hanno paura a esporsi.

Magdi Cristiano, grazie perché con la tua testimonianza di coraggio ci dai la forza di amare di più tutti perché l'amore è l'unica vittoria in questo mondo.

*Mimma Piliego (medico)*

Anch'io voglio complimentarmi per la Sua coraggiosa decisione di convertirsi al cristianesimo: apertamente, ricevendo i sacramenti nientemeno che dal papa, nonostante la scorta, le minacce già ricevute da musulmano da parte degli integralisti islamici. Lei è un esempio per i cristiani di nascita come la sottoscritta che, per pigrizia, non brilla per una grande devozione religiosa, sebbene la professione che ho indicato nel mio profilo suggerisca il contrario. Stasera sono venuti a cena i miei zii (loro sì, molto ferventi) e anche loro hanno esaltato il Suo coraggio. Tuttavia, io che coraggiosa non sono, mi sono domandata: e adesso? Speriamo che non ci siano conseguenze, per Magdi Cristiano! Questo è stato il motivo per cui stamattina ho detto un *Angelo di Dio* per Lei.

Mi dispiace sinceramente che l'islam perda un testimone razionale e che i cristiani abbiano un musulmano per bene in meno su cui fare affidamento... Però Lei continua a essere un esempio di inequivocabile coraggio e coerenza. Inoltre, convertendosi al cristianesimo, si comporta in modo onesto pure nei confronti dell'islam: quando ha capito davvero che non La convinceva più, l'ha lasciato. Di questo i musulmani devono prendere atto.

*Alessandra Boga (collaboratrice «IncrociNews»)*

Carissimo Magdi Cristiano,
Cristo è risorto! È veramente risorto! Buona Pasqua!
Abbiamo appreso la bellissima notizia ieri sera e La abbiamo ricordata tanto insieme ai nostri bambini durante la veglia di Pasqua alla quale abbiamo partecipato noi.
Lei che è per noi un punto di riferimento autorevole, da ieri sera è anche un fratello maggiore nella fede: grazie per la sua bellissima testimonianza, per la gioia di aver incontrato Cristo Risorto che ha voluto condividere con noi.
Che Cristo Risorto, Signore della storia, benedica il vero dialogo con le altre religioni e ci doni la Sua Pace.
Che san Francesco e santa Caterina da Siena patroni di Italia e san Marco patrono dell'Egitto proteggano sempre Lei e la sua famiglia.
Un abbraccio forte forte a Lei, a sua moglie, al piccolo Davide, a Sofia e ad Alessandro, e a tutte le persone a cui vuole bene.

*Chiara Zaietta (insegnante)*

Caro Magdi Cristiano,
non ci credevo quando ho saputo. Poi mi ha preso la commozione, a tutti quelli che ho incontrato oggi ho parlato di questo fatto. Il tuo battesimo per la mano di papa Benedetto XVI, come un'onda mi ha raggiunto, chiedendomi SINCERITÀ e VERITÀ nel rapporto con Cristo e con la realtà.
Il tuo battesimo è un miracolo, un segno potente di Cristo risorto e della sua vittoria.
Grazie per il tuo coraggio e libertà nel dire sì a Cristo.

*Stefano Giuliani (libraio)*

Caro Magdi,
la tua scelta mi ha profondamente commosso e ha improvvisamente illuminato i valori per i quali da sempre ti batti con determinazione. La notizia, inaspettata, della tua conversione è stata quindi solo in parte una sorpresa, perché comunque fortemente coerente con i principi che hai sempre sostenuto. Devo ammettere che non ho mai seguito una Veglia pasquale per televisione, ma ieri sera non ne ho potuto fare a meno. Due sono i momenti che mi hanno emo-

zionato: il tuo atteggiamento fiero e sereno, al tuo fianco la persona che ti ha fatto da padrino, e non la scorta; poi l'intensità con cui il papa ti ha accolto, ti ha guardato e ti ha sorriso. Sono stati momenti lunghissimi. In quello sguardo profondo e condiviso, si vedevano un orgoglio e una gioia interiore, che, più di ogni altra cosa, testimoniano la bellezza della Fede raggiunta. Un grande esempio che fa impallidire; come sempre non esiti a prendere grandi responsabilità! Sono felice per te e mi unisco a chi ti vuole bene in uno dei giorni più belli della tua vita.

*Elena Rizzi (impiegata)*

Caro Magdi Cristiano,
auguri! Immagino il tuo travaglio interiore, i dubbi, gli entusiasmi, le nostalgie, i ricordi, gli aneliti, le paure e le speranze. Consapevole e ricco di due culture diverse, hai scelto di viverne le difficoltà prima delle gioie, e questo ti rende testimone credibile di entrambe. Nel mio piccolo ti capisco bene. E ti stimo. Con amicizia e affetto,

*Giovanna Giugni (insegnante)*

Signor Allam,
Le faccio le mie più grandi congratulazioni e Le auguro un felice cammino nella comunità dei cristiani. Ora, oltre a condividere l'amore per la Vita e i valori reali e indiscutibili, condividiamo anche una viva esperienza religiosa nella Chiesa cattolica.
La saluto con immutata stima,

*Mattia Fusina (studente)*

Caro Magdi,
ieri sera mi hai fatto proprio emozionare! Ma, leggendo i commenti, vedo che non è successo solo a me. Vedi, più mi passano gli anni e più sono affascinata dalla festa della Pasqua. All'inizio della mia vita mi sembrava che la magia del Natale fosse il massimo della bellezza... e invece ora, capisco sempre meglio come nella tomba vuota di Gerusalemme sia nascosto il segreto della vita. Della mia vita! Della vita di ciascuno di noi! Lì c'è stato sepolto l'unico uomo che ha detto di SAPER FARE NUOVE TUTTE LE COSE! Mi affascina questo potere! Lui può riuscire a fare nuove tutte le cose: la storia umana, la nostra vita, la nostra volontà, il nostro corpo, lo sguardo di ciascuno di noi... tutto! E da quella tomba parte come un'onda che scorre per tutto il sotterraneo del mondo e ci dice che Cristo è la A e la Z di tutto l'alfabeto, è il Principio e la Fine, è al Centro e agli Estremi dell'universo! C'è un'economia sommersa di richiesta di

speranza e di fiducia e in quella tomba c'è il Centro dell'Unica Multinazionale capace di dare la vera Speranza e la vera Fiducia, sotterrando per sempre ogni paura e ogni timore nello scantinato del passato. Sono felice di aver varcato quella tomba vuota insieme a te!

*Maria Cristina Corvo (insegnante)*

Devo ammetterlo: sono rimasto senza parole quando ho visto Magdi in tv davanti a Sua Santità. Non me lo aspettavo: è stata per me come la luce nel periodo buio della mia vita attuale. Ho mancato più volte l'occasione per conoscere di persona Magdi e lo vorrei tanto fare nel futuro prossimo. Sono orgoglioso di far parte di un movimento del quale Magdi è la figura carismatica nella sua «fragorosa» umile grandezza. Un abbraccio forte forte a lui e tutta la sua famiglia.

*Francesco Mauri (consulente informatico)*

Caro Magdi Cristiano,
    è difficile esprimere ciò che ho provato nel vedere le tue immagini mentre ricevevi il sacramento del battesimo nella notte in cui la Chiesa celebra il Cristo Risorto. Non oso immaginare cosa sia stato per te. Io e i miei cari ti siamo stati vicini nella preghiera.
    La tua fede nella sacralità della persona umana mi aveva portato a rispettarti e a stimarti come uomo, indipendentemente dalla tua fede religiosa. Io ho praticato il cristianesimo (non so quanto bene, sarà Dio a giudicare, ma mi accorgo di molte falle) proprio perché affascinato dalla figura del Figlio di Dio che muore su un patibolo riservato agli schiavi per amore di tutti gli uomini. Di un Dio che non ha fatto distinzioni tra «amici» e «nemici», ma aveva parlato di amore verso ogni essere umano. Questo è il grande dono della Fede cristiana, che è una Fede anche dura, spesso esigente (Gesù ci pone davanti a scelte difficili e rischiose).
    Grazie anche del tuo gesto, coraggioso e pericoloso (infatti non pensare che chi ti vuole bene ora non sia anche preoccupato per le conseguenze) per aver mostrato dinanzi al mondo che la coscienza deve essere libera. Libera dal terrore delle fatwe. Questo è un messaggio che serve oggi più che mai a un mondo rinchiuso nella paura di chi può fare del male.
    Trent'anni fa Giovanni Paolo II gridò dal sagrato di piazza San Pietro «non abbiate paura». Anche in quel periodo si aveva paura di professare la Fede in Cristo. Nelle zone dalle quali proveniva il papa polacco i cristiani rischiavano il carcere e la tortura, e molti hanno pagato con la vita. Ma quel mondo di terrore è crollato. Oggi i musulmani convertiti rischiano in ogni parte del mondo, e buona

parte dell'Occidente (e, purtroppo, pure buona parte del mondo cristiano) li abbandona per paura, per non guastarsi coi carnefici. Il tuo gesto, assieme al gesto di Sua Santità Benedetto XVI, ha riaffermato che la paura non conquista le anime. Con la paura non si conquista il cuore degli uomini, ma ci si attira solo un misto di timore del tutto scevro d'amore e di rispetto da parte dei più che hanno paura, e la voglia di liberarsi dalle catene da parte dei pochi che non hanno paura.

Caro Magdi Cristiano, credo che non saranno proprio pochi quelli che ti volteranno le spalle. Non te ne curare, non erano amici veri. E ci saranno i soliti che dileggeranno questa scelta. Curatene ancora di meno. Vai avanti con coraggio, grazie per questa testimonianza, il gesto tuo e del Santo Padre daranno frutti importanti. Grazie ancora, e Buona Pasqua ancora a te, ai tuoi cari e a tutti gli Amici di Magdi Cristiano Allam.

*Andrea Sartori (insegnante)*

Caro Magdi,

una Pasqua indimenticabile per te ma anche per ciascuno di noi che ti conosce. Veramente possiamo dire a gran voce insieme a te, nostro nuovo compagno nella fede: «Questo è il giorno di Cristo Signore, Alleluia, Alleluia». Ieri sera, appena la notizia è stata diffusa dai telegiornali, tra noi di Calusco, che ti abbiamo conosciuto a settembre, è stato un susseguirsi di messaggi, telefonate, annunci... Non ci sembrava vero. Una gioia profonda scaturita dal cuore proprio pochi minuti prima dell'inizio della Veglia pasquale. Un nostro amico di sempre è diventato Figlio di Dio. Che gioia grande. Il Signore è risorto e questa gioia si è fatta ancora più grande sapendo che tu hai voluto diventare cristiano proprio nella notte più importante per i discepoli di quel Signore che ha vinto la morte. Ancora una volta grazie, Magdi, ma questa volta ti diciamo: grazie Magdi Cristiano. Dal nostro cuore escono le parole del salmo 132: «Come è bello, o Signore, che i fratelli vivano insieme! ... Là il Signore dona la benedizione e la vita per sempre!».

Un forte abbraccio nella fede in Cristo Risorto.

Stefano con don Roberto, Dimitri e tutti gli amici dell'oratorio di Calusco (Bergamo).

*Stefano Comi (studente)*

Non ho ancora nemmeno letto il tuo pezzo, Magdi, e sono la persona meno adatta per gioire essendo un cristiano pochissimo praticante e per di più molto critico, ma sono rimasto folgorato dal coraggio intimo ed esteriore del tuo gesto. Pur non rappresentativo di nessuna cristianità, ti do il benvenuto da parte di tutti conscio di interpretare la gioia di molte persone molto più grandi di me. Un abbraccio forte forte.

*Mauro Farbene (informatico)*

Benvenuto! Complimenti per il coraggio dimostrato nella scelta e nei modi, al di là delle critiche e delle minacce. Che sia di lezione ai tanti che si definiscono cristiani ma nemmeno ricordano il significato della parola. Le minacce non fermano i coraggiosi e, soprattutto, non fermano le loro idee.

*Claudio Valerio Santini (medico)*

Caro Magdi,
se ti dicessi che il tuo battesimo mi ha preso alla sprovvista, mentirei. Sei stato coerente fino in fondo scegliendo di condividere la tua gioia con quanti ti stimano e ti rispettano. Noi cresciuti nella religione cattolica ne abbiamo perso un po' i valori e gli insegnamenti, sopraffatti dalla frenesia della vita di ogni giorno. Quindi anche un «grazie» da parte di chi, come me, si è fermato anche solo un attimo a riflettere sui principi del cristianesimo. Un caro augurio di cuore a te, Valentina e i ragazzi grandi e piccini.

*Monica Gallo (assistente)*

Carissimo Magdi Cristiano,
che gioia e che emozione quando ho saputo del tuo battesimo! Grazie per la tua testimonianza e per il tuo coraggio. D'ora in poi, nella tua lotta per la verità avrai sempre con te anche il sostegno e la forza della Grazia di Dio e dello Spirito Santo! Le mie preghiere ti accompagnano sempre.
Con affetto e stima,

*Chiara Cerutti (insegnante)*

Magdi Cristiano Allam,
le tue precisazioni sono doverose… quanto inutili. Hai scritto cose del tutto ovvie per chi è ancora capace di usare il cervello, ma evidentemente sono pochi quelli rimasti in grado di farlo. E per chi non vuole (o non può) usarlo, purtroppo è inutile qualsiasi spiegazione.
Prendi il caso della «smentita» della Santa Sede alle tue affermazioni. È incredibile come l'hanno presentata i mass media. Padre Lombardi, anche lui, ha detto cose ovvie, lapalissiane: Magdi Cristiano non è portavoce del papa ed esprime opinioni personali. Embè? Eppure, anche il sito internet dell'Ansa, per fare un solo esempio, ha subito «sparato» la cosa come una presa di distanza,

anzi una vera e propria messa all'indice, nei confronti di Allam. Poco dopo il titolo è stato ammorbidito, perché evidentemente si sono resi conto del fatto che era un tantino esagerato. Ma il messaggio è comunque quello: Magdi Cristiano è un esaltato e finalmente se n'è accorto anche Benedetto XVI, il quale però ha avuto la dabbenaggine di battezzarlo in mondovisione. La verità è diversa, ma che importa?

Aggiungo ancora che non posso non essere del tutto dalla parte di Magdi Cristiano, se non fosse altro perché non voglio, e farò qualsiasi cosa perché ciò non avvenga, che fra pochi lustri a qualcuno salti in mente di provare a costringere mia figlia, che oggi ha 8 anni, a indossare il velo o a frequentare piscine separate maschi/femmine, tanto per dire le cose più «leggere».

Il guaio è che tra di noi pullulano coloro i quali, più o meno consapevolmente, lavorano perché si arrivi proprio lì. Un minuscolo, ma significativo esempio che ho avuto modo di «denunciare» sul mio piccolo giornale: in un paese della mia zona, qualche anima bella ha pensato di inserire sui cartelli stradali che indicano la sede della locale Croce rossa anche la Mezzaluna rossa. Il motivo? Gli islamici potrebbero essere offesi dalla croce, quindi il politicamente corretto impone di riprodurre pure un simbolo a loro gradito, altrimenti, chissà, magari non si farebbero curare, pur di non esserne moralmente corrotti. Ma ci rendiamo conto?

*Claudio Puppione (giornalista professionista)*

Caro Magdi Cristiano,
mi felicito anch'io con la tua scelta di abbracciare la religione cattolica. Scegliere è di per sé indice di coraggio. Ma nel tuo caso è duplice: da una parte la scelta interiore di abbracciare un percorso spirituale, maturata specularmente a quella di archiviarne definitivamente un altro. Dall'altra la scelta di «esteriorizzare» tale atto perché non sia solo «tuo» ma per tutti un segnale a uscire dalle nuove «catacombe». Sei ancora una volta, e una volta di più, un grande esempio se hai voluto condividere la tua conversione con tutti noi. Grazie, con affetto e ammirazione...

*Nicoletta Maria Casini (imprenditrice)*

Anche se con un poco di ritardo, mi associo alle vive e sincere felicitazioni per l'amico Magdi Cristiano Allam, che ha sublimato il suo percorso di ricerca della Luce con la conversione alla religione di Cristo, in ciò dimostrando di cogliere il riferimento non solo più a una grande religione monoteistica, bensì al Vangelo del Figlio di Dio, che è venuto Lui stesso a portare la Rivelazione e la Salvezza, attraverso il Vangelo dell'amore e della vera pace, quella del cuore e dello spirito.

Caro Magdi Cristiano, ricordando i nostri recenti incontri a Parma, ti voglio esprimere tutto l'apprezzamento e la gioia della tua scelta, certo coraggiosa, anche per il fatto di aver scelto di ricevere il battesimo dalle mani dello stesso vicario di Cristo, coraggioso evangelizzatore di questo difficile mondo. So che dev'essere stato un passo difficile per te, in quanto legato alla tua cultura islamica (quella moderata) e all'educazione ricevuta da tua madre, che ne era fedele sincera: ma certo tua madre sarà orgogliosa di te, come lo sono i tuoi amici!

Auguri di ogni bene!

*Maurizio Dossena (dirigente scolastico)*

# Ringraziamenti

Il 7 gennaio 2008 ho avviato l'attività del sito dell'associazione «Amici di Magdi Allam», ispirato dalla mia volontà di promuovere in Italia un movimento di impegno etico, culturale e politico che si raccordi e completi l'impegno squisitamente professionale che da oltre trent'anni svolgo come giornalista, scrittore e conferenziere. La missione del sito (www.magdiallam.it) è indicata in una sintesi programmatica posta a fianco del logo nella homepage:

Cari amici,
    nella consapevolezza che la crisi strutturale e generalizzata che dilania l'Italia rischia di farci soccombere e scomparire come civiltà e come nazione, questo nostro sito «Amici di Magdi Cristiano Allam» si propone come punto d'incontro e di aggregazione di tutti gli italiani disorientati ma non rassegnati, sfiduciati ma non sottomessi, che in virtù della loro onestà, fierezza e risolutezza vogliono partecipare da protagonisti alla riforma etica dell'informazione, della società, dell'economia, della cultura, della politica e dello Stato.
    Ebbene, cari amici, è arrivata l'ora di assumerci la responsabilità storica di agire da protagonisti per liberarci dall'ideologia suicida del relativismo che affligge l'Occidente e dall'ideologia omicida del nichilismo che arma l'estremismo islamico, per affermare con coraggio e difendere con tutti i mezzi la Civiltà della Fede e Ragione. La nostra missione è di realizzare un'Italia, un'Europa e un Mondo di benessere, giustizia e pace, a misura d'uomo fondati sulla sacralità della vita dal concepimento alla morte naturale, la verità dei fatti, l'informazione etica e responsabile, la dignità della persona, la libertà di scelta, la centralità della famiglia naturale, il rispetto per l'autorità morale, il bene comune, il legittimo interesse collettivo e nazionale, la democrazia sostanziale, l'indissolubilità di diritti e doveri, l'inviolabilità delle regole, la garanzia e la difesa della sicurezza, il liberalismo economico e la solidarietà sociale, la sussidiarietà e la meritocrazia, la tutela e la valorizzazione dell'ambiente quale patrimonio dell'umanità.

Andiamo avanti insieme per l'Italia sulla via della Verità, della Vita e della Libertà con i miei migliori auguri di successo e di ogni bene.

Il riscontro ottenuto è stato straordinario. Nonostante l'adozione di un filtro che limita e condiziona l'adesione al sito, per tutti coloro che vogliono partecipare al dibattito interno, a una registrazione seria e impegnativa, in cui si richiede il nome e cognome, luogo e data di nascita, città di residenza, professione, codice fiscale e motivazione per la quale si è deciso di iscriversi, in circa tre mesi, sino al 13 aprile 2008, il numero degli associati è balzato a 1084. Tra loro ci sono 250 liberi professionisti, 198 lavoratori dipendenti, 122 pensionati, 120 docenti, 87 studenti, 59 giornalisti, 56 imprenditori, 56 medici, 39 dirigenti, 29 religiosi, 27 casalinghe, 21 avvocati, 7 operatori delle forze dell'ordine, 5 disoccupati, 3 magistrati e 3 politici. Per quanto concerne la fascia d'età, 320 hanno tra i 40 e i 50 anni, 253 tra i 50 e i 60 anni, 180 tra i 30 e i 40 anni, 163 tra i 60 e i 70 anni, 101 tra i 20 e i 30 anni, 44 oltre 70 anni e 33 meno di 20 anni. Per quanto concerne la distribuzione geografica, il 30 per cento risiede nel Nordovest, il 29 al Centro, il 21 nel Nordest, l'8 al Sud, il 4 nelle isole e il 3 all'estero.

Questa significativa adesione al sito è per me un atto straordinario di condivisione di impegno civile e di fede nel primato dell'etica che, per un verso, mi conforta circa la bontà del percorso finora intrapreso e, per l'altro, mi fa ben sperare per il futuro del nostro paese. Ho toccato con mano la grande sete di valori che c'è tra la gente e il sincero apprezzamento per chi si assume l'onere di farsi portavoce dell'impegno etico per riformare la cultura e l'insieme delle istituzioni dello Stato. Ciò, d'altro canto, avviene puntualmente quando, ormai da sei anni, giro in lungo e in largo l'Italia incontrando decine di migliaia di persone in luoghi pubblici quali teatri e piazze, nelle sedi dove si trasmette il sapere e ci si forma eticamente quali scuole e università, in ambienti di socializzazione particolari quali circoli culturali o incontri conviviali dove si fa cultura condividendo il cibo.

Ecco perché trovo del tutto congruo e doveroso, all'inizio del nuovo percorso di fede e di vita, ringraziare menzionandoli, uno per uno, tutti i 1084 iscritti al sito dell'associazione «Amici di Magdi Cristiano Allam». Li considero l'avanguardia di un movimento per la riforma etica dell'Italia, cominciando dal libero e civile confronto tra persone di buona volontà che condividono una piattaforma valoriale che coincide con il bene comune e perseguono un traguardo comune che corrisponde all'interesse nazionale.

Ancor più doveroso è menzionare innanzitutto un pugno di

amici che, più di altri, si sono prodigati generosamente per il successo di questa iniziativa. Paolo Lattanzi, fisico, titolare dell'azienda Axanetwork, consulente informatico che ha curato nei dettagli la realizzazione del sito. Alessandro Rossi, un genio del computer e uno dei tecnici informatici maggiormente conteso dalle medie e grandi aziende. Andrea Sartori, giovane di grande cultura ed entusiasmo civile, ai suoi primi passi nei panni di insegnante, che si è reso disponibile per collaborare nella gestione dei contenuti del sito. Claudia Rocchetti, dirigente scolastico, che ci assiste nelle varie attività del sito, mossa principalmente dall'affetto fraterno che la lega alla mia famiglia, specie dopo essere diventata la madrina del mio piccolo Davide. Mio figlio Alessandro, che ha il dono della scrittura e a 24 anni attraversa una fase cruciale della sua crescita alla ricerca del contesto ideale in cui far coincidere passioni e interessi, a cui ho affidato la gestione di alcuni aspetti tecnici del sito nell'attesa che possa contribuire sul piano dei contenuti. Marina Fioretto, straordinaria ventiseienne di solida cultura, con un radicato senso di responsabilità e amica affettuosissima, che fa del suo meglio per darci una mano a tutto campo, dall'organizzazione alla scrittura.

Al tempo stesso la crescita culturale del sito deve molto all'impegno quotidiano di alcuni fedeli amici che mi accompagnano, con passione e costanza, sin dai tempi in cui gestivo il forum «La vita degli altri» sul sito della «Repubblica», passando poi al forum «Noi e gli Altri» sul sito del «Corriere della Sera», fino a ritrovarci nuovamente insieme nel mio sito personale «Amici di Magdi Cristiano Allam». Tra loro una menzione speciale merita Giuseppe Fontana, intellettuale di notevole spessore culturale e civile, con uno spiccato e singolare spirito critico e ironico, sia quando scrive i suoi commenti pungenti sia quando illustra il suo pensiero in vignette sempre azzeccate. La presenza di Fabio Cavallari, giornalista e scrittore di recente acquisizione, rappresenta un valore aggiunto per il processo di crescita culturale del sito, in virtù dell'eccezionale umanità ed efficacia nel comunicare i suoi sentimenti. Sarebbe riduttivo citare Guido Guastalla, editore, titolare della libreria Belforte di Livorno, assessore alla Cultura della Comunità ebraica livornese e capogruppo presso il Consiglio comunale di Livorno della lista «Amare Livorno», come uno dei più prestigiosi collaboratori del mio sito, perché Guastalla è in primo luogo un carissimo amico che stimo e ammiro per la sua straordinaria cultura, passione civile e impegno etico. Giorgio Israel e Ana María Millán Gasca, coniugi ed entrambi docenti universitari, si sono rivelati preziosi amici anche nella riflessione sul sito, trovandoci d'accordo sulla necessità di difendere quell'insieme di valori «non negoziabili», la cui violazione rappresenta la causa della crisi profonda che attanaglia il nostro Occidente. Elena Rizzi, impiegata, mi ha colpito per la rara passione nel fare ciò in cui crede, la notevole efficienza con cui organizza il proprio lavoro e la sincera amicizia che ci lega; le sue riflessioni segnalano puntualmente dei fatti significativi e si è distinta anche come brava vignettista. Daniela Santus, docente all'Università di Torino, è un simbolo dell'Italia civile che resiste alla barbarie dei nuovi fascisti che negano il diritto di Israele all'esistenza e odiano la civiltà occidentale; la nostra amicizia è di conforto a entrambi. Giovanna Giugni, insegnante di scuola superiore, è animata da una forte e inflessibile passione per l'etica, una grande sensibilità per le persone in difficoltà, ed è costantemente presente con la sua denuncia e il suo giudizio. Dounia Ettaib, psicologa, è una giovane mamma con una dirompente voglia di impegno sociale a favore delle donne immigrate in difficoltà; è stata l'unica musulmana che abbia avuto il coraggio di salire con me sul palco del Teatro Dal Verme di Milano, il 7 giugno 2007, per sostenere il mio libro *Viva Israele*. Federica Mormando, psichiatra, si è rivelata una fonte inesauribile di suggestioni e di proposte in virtù della sua capacità di spaziare dal suo specifico professionale alla politica, dall'arte al giornalismo. Mauro Farbene è un consulente informatico che ha la rara virtù della modestia di chi conosce ma è consapevole che nella vita c'è sempre da imparare; i suoi interventi sono pacati ma sostanziali. Danielle Sussmann, ricercatrice di eccezionale cultura e con una scrittura arguta e brillante, è una presenza vitale per alimentare il dibattito in seno al sito; ha il dono della franchezza e un animo vibrante, e ci lega una sincera amicizia. Alberto Cavicchi, docente di materie economiche, si è rivelato una persona di grande disponibilità, ciò che esalta ancor di più le sue competenze quanto mai preziose in questa fase di recessione mondiale. Pino Agnetti è un validissimo giornalista di Parma che crede fino in fondo alla necessità di promuovere un movimento culturale, etico e politico per la riforma dell'Italia, e ha dimostrato di essere un vero amico. Luisa Battisti, infermiera professionista, è tra le persone più sensibili e dolci che conosca, ed è riuscita a tradurre in motivo di riscatto civile per sé e per l'Italia l'ingiustizia subita dal marito islamico poligamo. Tra gli amici della vecchia guardia ricordo con piacere e soddisfazione Salvatore Del Vecchio e Vincenzo Schichilone, due tasselli importanti per l'arricchimento del dialogo libero e civile.

Man mano che progrediva l'attività del sito sono aumentati gli amici entrati volontariamente a far parte di una squadra di persone di buona volontà impegnate per incentivare la discussione sulla riforma etica dell'Italia. Tra loro si sono distinti alcuni adulti di apprezzabile statura civile ed etica, come Maurizio Dossena, Michele Pompei, Ahmed Habouss, Antonio Ronzino, Stefano Giuliani, Daniel Mansour, Claudio Valerio Santini, Gabriella Brilli, Therese Menghini Antonetti, Chiara Zaietta, Francesco Mauri, Monica Gallo, Claudio Puppione; nonché giovani altrettanto validi, che ci infondono grande speranza per il futuro, come Benedetta Baldassari, Davide Santoro, Alessandro Pacella, Mattia Fusina, Stefano Comi, Alessandra Boga, Lorenzo Gherlinzoni, Michela Doronzo e Giulia Campioni. Alcuni risiedono all'estero, come lo scrittore Michael Sfaradi, Liliana Di Perna-Cohen, Deborah Fait.

La costituzione dell'associazione «Amici di Magdi Cristiano Allam» si è resa possibile anche grazie alla disponibilità di alcuni avvocati, con sede a Roma, che apprezzano i miei valori e i miei ideali: i fratelli Francesco, Federico e Filippo Hernandez; Giampiero Dinacci e Gabriele Gatti.

Ecco l'elenco completo degli iscritti al sito dell'associazione «Amici di Magdi Cristiano Allam»:

Abdu Laachiri (impiegato), Achille Amighini (promotore finanziario), Adolfo Scaltritti (imprenditore), Adriana Goriup (pensionata), Adriano Bianchilli (impiegato), Adriano Oliani (pensionato), Adriano Ruchini (imprenditore), Agazio Pungillo (artigiano), Agostino D'Onofrio (primario medico in pensione), Ahmad Ejaz (giornalista), Ahmed Habouss (socioantropologo), Ahmed Ouagandar (barista), Alberindo Grimani (studioso di Fatima e Padre Pio), Alberta Camatta (insegnante), Alberto Allievi (pensionato), Alberto Canuzzi (sacerdote), Alberto Cavicchi (docente di materie economiche), Alberto Clavarino (imprenditore), Alberto Milli (mediatore), Alberto Pancheri (pensionato), Alberto Zambon (studente), Aldo Di Carlo (pensionato), Aldo Diana (pensionato), Aldo Lo Piano (avvocato), Aldo Sabatini (vivaista), Aldo Zevi (ingegnere), Alessandra Barigazzi (libraia), Alessandra Baroni (insegnante), Alessandra Boga (collaboratrice del settimanale on line «IncrociNews»), Alessandra Casula (avvocato), Alessandra Contini (casalinga), Alessandra De Simone (informatico), Alessandra Garnero (casalinga), Alessandro Amigoni (avvocato), Alessandro Brevi (studente), Alessandro Caprio (giornalista), Alessandro Castelli (libero professionista), Alessandro Della Mea (impiegato), Alessandro Gulino (musicista), Alessandro Lucchesi (neolaureato), Alessandro Mambrini (prete salesiano direttore Cfp), Alessandro Mida (dirigente industriale), Alessandro Monteverde (ricercatore universitario), Alessandro Mosetti (banconiere), Alessandro Pacella (studente universitario), Alessandro Pappone (medico veterinario), Alessandro Pavanati (giornalista e comunicatore), Alessandro Roverselli (artista), Alessia Laltesi (studentessa), Alessio Anselmi (autista), Alessio Baggio (imprenditore), Alessio Cottafava (insegnante), Alfiero Marsili (consulente finanziario), Alfonso Bruno (missionario francescano), Alfredo De Matteo (libero professionista), Alfredo Errico (ingegnere), Ali Younes (medico), Alice Amadei (impiegata), Almerindo Duranti (pensionato), Amedeo Scotti (libero professionista), Amelio Corradi (commerciante), Amilcare Bergamini (insegnante), Ana María Millán Gasca (professore universitario), Andrea Bellandi (sacerdote), Andrea Bognini (impiegato), Andrea Cane (dirigente), Andrea Cinelli (insegnante), Andrea Ciofini (libero professionista), Andrea Firrincieli (funzionario statale), Andrea Nico Grossi (sacerdote francescano), Andrea Pamparana (giornalista), Andrea Pasin (operaio), Andrea Romanò (biologo), Andrea Sartori (insegnante), Andrea Simone (insegnante di religione), Andrea Spizzichino (libero professionista), Andrea Ursini (impiegato), Andrea Zanardi (odontoiatra), Andrea Zanella (libero professionista), Andrea Zedda (studente), Angela Rendo (giornalista), Angela Tampieri (docente), Angela Teresa Marino (docente di religione cattolica), Angelo Cennamo (avvocato), Angelo Costa (docente di greco e latino), Angelo Fabrizio Leonelli (dirigente), Angelo Fazio (studente universitario), Angelo Flavio Mucciconi (medico chirurgo), Angelo Longoni (dirigente pensionato), Angelo Matassa (dipendente pubblico), Angelo Riva (studente universitario), Angelo Semeria (ingegnere), Angelo Vannicelli (medico), Anita Cerri (pensionata), Anna Alix Valerio (libera professionista), Anna Berlato (casalinga), Anna Chiara Sparacino (insegnante), Anna Elia (medico), Anna Ferrari (insegnante), Anna Irene Monteverde (medico ospedaliero), Anna Maggi (impiegata), Anna Maria Angelone (dirigente), Anna Maria Parodi (insegnante), Anna Maria Pittino (casalinga), Annalisa Rossi (coordinatore), Annamaria Miragoli (medico), Annamaria Pisano (studentessa), Annunziata Marmolino (docente), Anton Giulio Lotti (architetto), Antonella Fani (insegnante), Antonella Marrone (docente), Antonella Mirabile (impiegata), Antonello Busà (assistente tributario), Antonino Ippolito (giornalista), Antonino Sciarratta (libero professionista), Antonino Sciortino (dirigente industriale), Antonio Amatulli (docente), Antonio Ammendola (impiegato), Antonio Azzaretto (consulente di gestione condominiale), Antonio Bellotto (artigiano), Antonio Bindoni (operaio), Antonio Carbone (impiegato), Antonio Casagrande (studente), Antonio Fogliame (medico), Antonio Frailis (primario medico igienista), Antonio Giannantonio (impiegato), Antonio Mancini (sacerdote camilliano, cappellano ospedale San Giovanni), Antonio Martini (architetto),

Antonio Marziale (sociologo-giornalista), Antonio Negrini (pensionato), Antonio Pascarella (studente universitario), Antonio Ronzino (pensionato), Antonio Strigari (pensionato), Antonio Tommasi (imprenditore), Antonio Ucciardo (sacerdote), Antonio Zito (pensionato), Archimede Scarpa (impiegato), Ariella Adler (mamma), Armando di Zinno (avvocato), Armando Gandolfi (imprenditore), Arrigo Guardigli (imprenditore), Ashraf Ramelah (architetto), Assad Soliman (laureato in psicologia), Attilio Negrini (commerciante), Attilio Pietro Zecca (farmacista), Augusto Prinsen (studente), Augusto Tranfa (elettrotecnico), Azati Adriana (pensionata)

– Barbara Apicella (giornalista), Barbara Arsieni (impiegata), Barbara Marcolini (insegnante), Barbara Spadoni (impiegata), Battista Gorla (sacerdote), Beatrice Lippera (studentessa), Benedetta Baldassari (studentessa), Benedetta Carlevaris (collaboratrice studio notarile), Benedetto Mendola (infermiere professionale), Beppe Andrianò (imprenditore), Berardino Torraco (farmacista), Bernardo Iodice (pensionato), Bernd Albrecht (agente di commercio), Bianca Anna Viarizzo (consulente), Biancamargherita Leonardi (impiegata), Loriana Bigozzi (dirigente pubblico), Boris Rosato (tecnico), Brendan Mark Gatt (sacerdote cattolico), Bruna Abbina (pensionata), Bruna Croci (pensionato), Bruna Giunchi (farmacista), Bruna Pagliaroli (impiegata), Bruno Angelini (funzionario), Bruno Basso (pensionato), Bruno De Paola (medico), Bruno Marino (pensionato)

– Camillo Di Felice (guardia di finanza), Carla Adelaide Maria Molinari (pensionata), Carla Isacchi (impiegata), Carla Menichini (casalinga), Carla Vanni (marketing), Carlo Biffani (imprenditore), Carlo Castellini (docente), Carlo Chiodi (direttore programmi Radio missione francescana), Carlo Chiodo (pensionato), Carlo Maria Restagno (artigiano), Carlo Pellacani (giornalista), Carlo Todeschini (pensionato), Carlo Torchio (disoccupato), Carlo Tulissi (webmaster), Carmelo Cataliotti (avvocato), Carmine Di Donna (artigiano), Carolina Delburgo (impiegata), Carolina Zannoni (medico ospedaliero anestesista), Caterina Cattai (insegnante), Caterina Conidi (docente), Caterina Ficiarà (studentessa), Caterina Kufos (pensionata), Cecilia Basaglia (insegnante), Cecilia Burattini (studentessa), Cecilia Carpio (giornalista), Cesare Azzali (dirigente), Cesare Beghi (medico e docente universitario), Cesare Toffanello (impiegato), Chiara Cerutti (insegnante), Chiara Cestaro (medico), Chiara Tamborini (consigliere), Chiara Zaietta (insegnante), Chicca Canger (psicologa psicanalista), Cinzia Ferri (assistente sociale), Ciro Pizzolato (pensionato), Ciro Sansone (pittore), Ciro Sbailò (professore universitario), Claudia Castellani (impiegata), Claudia Cichetti (giornalista), Claudia De Amicis (studentessa), Claudia Lolli (imprenditore), Claudia Pirotta (ingegnere), Claudia Radici (casalinga), Claudia Rocchetti (dirigente scolastico), Claudio Bassi (avvocato), Claudio Colombo (operaio), Claudio Cominardi (libero professionista), Claudio Giorlandino (ostetrico ginecologo docente universitario), Claudio Levrini (venditore), Claudio Pasini (medico), Claudio Puppione (giornalista professionista), Claudio Raspollini (insegnante scuole medie superiori), Claudio Redaelli (insegnante), Claudio Reverberi (medico cardiologo), Claudio Saragozza (coordinatore Dhl), Claudio Valerio Santini (medico cardiologo), Concetta Marchica (dottore commercialista), Corinna Balestrieri (impiegata), Corrado Lagazzi (medico chirurgo), Corrado Maggia (pastore di alcune Chiese fondate su Cristo e sul suo Evangelo), Mimma Piliego (medico di medicina generale), Cosimo Nesca (medico chirurgo Marina militare), Costanza Gherlinzoni (studentessa), Cristian Orlandi (libero professionista), Cristiana Ferretti (studentessa), Cristiana Pieri (assistente di direzione), Cristiano Calvano (assistente), Cristina Baldissin (impiegata), Cristina de Longis (impiegata), Cristina Milesi (insegnante), Cristina Montesi (medico), Cristina Moreci (insegnante scuola d'infanzia), Cristina Olivieri (impiegata), Cuono Garzone (impiegato)

– Damiano Galbusera (religioso), Dan David (dirigente), Daniel Calderon (dirigente), Daniel Mansour (impiegato), Daniela Boari (infermiera professionale), Daniela Galante (docente), Daniela Di Pace (impiegata), Daniela Haggiag (art director), Daniela Regazzi (imprenditrice), Daniela Rigolio (impiegata), Daniela Santus (docente universitaria), Daniela Vivarelli (libera professionista), Daniele Balbi (collaboratore scolastico), Daniele Biondi (impiegato), Daniele Brughera (informatico), Daniele Meneghin (consulente in proprietà industriale), Daniele Platto (ingegnere), Daniele Telò (dirigente), Danielle Sussmann (ricercatrice), Danilo Dettoris (imprenditore), Danilo Franco (operaio), Dante Righini (medico), Dario Carella (ingegnere), Dario Ciapetti (impiegato), Dario de Marchi (giornalista professionista), Dario Minotta (cristiano), Dario Piero Mariani (ingegnere), David Yosef Udella (perito elettronico), Davide Giangrandi (impiegato), Davide Gianluca Bianchi (giornalista), Davide Marazzita (elettricista), Davide Paparo (invalido civile), Davide Santoro (studente e redattore di «Ebraismo e dintorni»), Davide Valsecchi (medico), Deborah Fait (giornalista), Demetrio Lombardi (commercialista), Demetrio Serraglia (politico), Désirée Ragazzi (giornalista), Dessouki Afifi (impiegato), Diana Ottolenghi (impiegata), Diana Venturi (casalinga), Diego Ratti (psicologo), Dino Tronconi (libero professionista), Domenico Aiuto (sacerdote), Domenico Baruffi (impiegato), Domenico Fusto (medico), Domenico Shabbatai Petraro (impiegato statale), don Damiano Galbusera (insegnante), Don Kayumba Sango François (studente), Donata Mauri (insegnante), Donatella Masìa (magistrato), Donato Allegretta (ingegnere), Dounia Ettaib (impiegata)

– Edda Rossi D'Onofrio (pensionata), Eddi Ceccarelli (insegnante), Edoardo Brambilla (pensionato), Edoardo Caprino (giornalista), Edoardo Croci (economista ambientale), Edoardo Tabasso (sociologo), Egidia Pittet (tecnico comunale), Egidio Lorito (avvocato), Elena Bozzini (impiegata), Elena Pagetti (insegnante), Elena Rizzi (impiegata), Elena Rossi (casalinga), Elfrido Proietti Filippi (pensionato), Eligio Bruno D'Urbano (grafico ed esperto in promozione e sviluppo), Elio Cabib (professore associato), Elio Paolo Fumi (pensionato), Elio Rabello (farmacista ospedaliero), Elisa Gerevini (assistente), Elisa Scarlata (docente), Elisabetta Cipriani (insegnante), Elisabetta Marie Cusentino (insegnante), Elisabetta Nardella (studente), Elvira Trasatti (casalinga), Emanuela Maggio (analista), Emanuela Montagnani (insegnante), Emanuela Spagna (giornalista), Emanuele Polverelli (docente), Emanuele Sani (studente), Emerenziana Munzi (casalinga), Emile Christopher Khouri Chalouhi (imprenditore), Emilio De Joannes (pensionato), Emilio Ferro (disoccupato), Emma Minelli (insegnante), Enrico Assorati (impiegato), Enrico Belletti (giurista), Enrico Benedetti (medico chirurgo), Enrico Consonni (imprenditore), Enrico Giuseppe Morra (architetto), Enrico Leonardi (pensionato), Enrico Richetti (dottore commercialista), Enrico Romolini (medico), Enrico Tromba (docente), Enrique Hernandez Montoya (religioso), Enzo Pietra (insegnante), Ermanno Adinolfi (imprenditore), Ermanno Vernocchi (impiegato tecnico), Ernesto Zizza (funzionario), Errica Defulgentiis (insegnante), Estefania Mejia (studentessa), Eugenio Valentini (giornalista), Eva Rozics (pensionata), Ezio Angelini (sociologo), Ezio Scaramuzzino (insegnante)

– Fabio Cavallari (giornalista), Fabio Cialfa (libero professionista), Fabio Di Pietra (impiegato), Fabio Lazzari (impiegato), Fabrizia Perrachon (impiegata), Fabrizio de Stefani (veterinario), Fabrizio Paoloni (medico), Fausto Levi Martini (sociologo), Fedele Melillo (imprenditore), Federica Codeluppi (insegnante), Federica Manica (avvocato), Federica Marchesi (consulente fiscale), Federica Mormando (giornalista), Federico Cardanobile (pensionato), Felice Massimo Bonafede (commerciante), Felice Simonelli (ingegnere), Fernando Mezzetti (giornalista), Ferruccio Rossi (medico), Filiberto Medici (imprenditore), Filippo Gentile (artigiano), Filippo Mugnaini (studente), Filippo Quartu (studente), Filippo Violante (psicologo), Flavia De Vitt (professore universitario), Flaviano Moro (pensionato), Flavio Berlanda (consulente aziendale), Flora Nappi (insegnante), Florenzo Storelli (avvocato), Franca Bortolamasi (commercialista), Franca da Ros (funzionario pubblico), Franca Giuffreda (casalinga), Franca Negri (insegnante), Franca Persiani (pensionata), Francesca Bravi (impiegata), Francesca Chilloni (giornalista), Francesca Fortunato (impiegata), Francesca Miletti (imprenditrice), Francesca Nardini (ingegnere chimico), Francesca Padovese (studentessa), Francesca Sacchetti (assicuratrice), Francesca Scanziani (architetto), Francesca Toletti (casalinga), Francesca Zanin (casalinga), Francesco Ciappa (pensionato), Francesco Biazzo (studente), Francesco Bossio (medico), Francesco Carbone (medico), Francesco Carrera (impiegato), Francesco Egidi (impiegato), Francesco Federico Usai (giornalista), Francesco Gambicorti (archeologo medievista), Francesco Giuseppe Pianori (fisioterapista), Francesco Marrazzo (operaio), Francesco Mauri (consulente informatico), Francesco Minori (pensionato), Francesco Nuzzo (pensionato), Francesco Partisani (pubblicista), Francesco Pugliarello (ex quadro dirigente), Francesco Rebellato (funzionario), Francesco Scifo (finanziere), Francesco Venanzi (pensionato), Franco Bifani (pensionato), Franco Boccolini (imprenditore), Franco Cappai (operatore ecologico), Franco Cori (farmacista), Franco Ferraresi (funzionario amministrativo), Franco Pallotta (funzionario), Franco Patricelli (pensionato), Franco Rubini (pensionato), Franco Silvestri (contabile), Frida Ruggiero (guida turistica), Fulvia Ferri (libera professionista), Fulvio Italiano (dirigente), Fulvio Miceli (redattore informazione corretta), Furio Carmignani (impiegato)

– Gabriele Gatti (avvocato), Gabriele Laffranchi (studente), Gabriele Mangiarotti (religioso), Gabriele Nicolini (pensionato), Gabriella Bravi (avvocato), Gabriella Salimbeni (casalinga), Gabriella Tescaro (traduttrice), Gaetano D'Onofrio (pensionato), Gaia Bastreghi (artista), Gaid Yoannis Lahzi (sacerdote), Gastone Mariotti (funzionario), Gennaro Ambrosini (amministratore), Gerardo Davide Roditi (pensionato), Ghapios Garas (imprenditore), Giacomo Bruzzo (produttore musicale), Giacomo Goffredi (studente), Giampaolo Menegazzoli (pensionato), Giampiero Balladore (assistente sanitario), Gian Franco Migone de Amicis (pensionato), Gian Luca Carpinella (promotore finanziario), Gian Luca Corona (commerciante), Gianandrea Cocco (impiegato), Giancarlo Bongini (impiegato), Giancarlo Volontè (educatore disabili), Gianluca Giuffrè (studente), Gianluca Giusti (progettista), Gianluigi Cesta (addetto stampa), Gianna Babini (impiegata), Gianni Cipriani (medico), Gianni de Martino (dottore commercialista), Gianni Peano (medico), Gianni Rehak (pensionato), Gianni Venturi (imprenditore), Gianni Vigogna (impiegato), Gianpietro Suardi (ristoratore), Gigi Farioli (sindaco di Busto Arsizio), Gilberto Cianca (avvocato), Gilberto Rustici (pensionato), Gino Nebiolo (scrittore), Gioele Maria Pignati (studente), Giorgia Greco (impiegato), Giorgio Bambi (imprenditore), Giorgio Bauducco (consulente), Giorgio Colomba (giornalista), Giorgio Gondoni (imprenditore), Giorgio Israel (professore universitario), Giorgio Perego (insegnante), Giovanna Giugni (insegnante di scuola superiore), Giovanna Rossella Schirone (docente), Giovanni Azzaroli (medico), Giovanni Bartoli (direttore d'orchestra), Giovanni Cerbai (impiegato), Giovanni Chiodi (segretario), Giovanni Cismondi (regista), Giovanni Colotti (impiegato), Giovanni D'Ambra (infermiere), Giovanni D'Onofrio (dirigente pubblico), Giovanni Damiani (scrittore), Giovanni Forti (studente), Giovanni Gambino (pensionato), Giovanni Ginesti (impiegato), Giovanni Graceffa (imprenditore), Giovanni Maffini (impiegato), Giovanni Merlino (imprenditore), Giovanni Rebecchini (dottore commercialista), Giovanni Spadavecchia (consulente informatico), Giovanni Taormina (giornalista), Giovanni Terracina (commercio), Giovanni Vannini (impiegato), Giovanni Verrone (dipendente statale), Giovanni Vitale (pensionato), Giovanni Zanarini (imprenditore agricolo), Giovanni Zappia (docente), Giovannino Concas (infermiere), Girolamo Giliberti (impiegato), Giulia Terazzi (assistente), Giulia Campioni (studentessa), Giulia Pedrazzini (studentessa), Giulia Premilli (giornalista), Giuliana Caso (studentessa), Giuliana Cenci (casalinga), Giulio Capriata (medico chirurgo), Giulio Mancabelli (impiegato), Giulio Rossi (impiegato), Giuseppe Barilà (medico), Giuseppe Barretta (libero professionista), Giuseppe Caforio (sociologo), Giuseppe Cappellani (dirigente), Giuseppe Crimaldi (giornalista), Giuseppe Croce (pensionato), Giuseppe Currà (impiegato), Giuseppe di Gennaro (ingegnere), Giuseppe Fontana (impiegato), Giuseppe Galante (carabiniere), Giuseppe Gloria (pensionato), Giuseppe La Vacca (studente), Giuseppe Larcher (pensionato), Giuseppe Luciano Ferrero (pensionato), Giuseppe Milone (pensionato), Giuseppe Mosseri (pensionato), Giuseppe Noto (studente), Giuseppe Orizio (sindaco di Castegnato), Giuseppe Orsini (pensionato), Giuseppe Palermo (pensionato), Giuseppe Salvatore (religioso), Giuseppe Zezza (pensionato), Giuseppina Crisafi (imprenditrice), Giuseppina Lombardi Comite (pensionata), Giuseppina Muzzetto (pensionata), Giusi Roccati (insegnante), Graziella Cecchi (pensionata), Gregorio Matteucci (agricoltore), Gregorio Rizzo (impiegato), Guerino Rosa (pittore), Guglielmo Mazzoni (medico), Guido Guastalla (editore), Guido Hassan (pensionato), Guido Schiesari (agente di commercio), Guido Sodero (dottore commercialista), Guido Vannicelli (pubblico funzionario)

– Ida Trotta (pensionata), Igal Gigliotti (funzionario pubblico), Ilaria Superchi (insegnante), Ilenia Di Donna (studentessa), Iolanda Rizzo (insegnante), Irma de Schivanovits (casalinga), Isaac Habert (impiegato), Isabella Piscaglia (impiegata), Isabella Zanotto (assistente amministrativa), Isacco Haggiag (commerciante), Isadora Quarta (studentessa), Ivan Fellus (libero professionista), Ivano Puglia (impiegato), Ivo Ventura (commerciante)

– Jacopo Gucciardi (consulente informatico), Jacopo Tacconi (studente), Jacqueline Masi Lanteri (pensionata), Jamal Naamni (imprenditore), Jane Horsfield (insegnante), Jean-Luc Giorda (giornalista), Jérôme Ellard (impiegato), Joann Carbery (pensionata), Jolanda Bulgarelli (imprenditore), Julio Sequeira (impiegato)

– Lamiaa Bahaa El Din (studentessa), Laura D'Onofrio (dottore commercialista), Laura Fulcheri (studentessa), Laura Marra (medico), Laura Moiana (insegnante), Laura Orlandi (impiegata), Laura Rabini (insegnante), Laura-Clara Mantovani (madre di famiglia), Lauro Luppi (impiegato), Lea Raffaella Colombini (impiegata), Lello Mieli (commerciante), Leo Dallavalle (orafo), Leonardo Albano (impiegato), Leonardo Fiore (funzionario pubblico), Leonardo Guerriero (insegnante), Leonardo Sampieri (imprenditore), Leonardo Servadio (giornalista), Leonardo Silvestri (insegnante di chimica), Leonello Ascoli (pensionato), Leonilde Fantini (logopedista), Letizia Franceschi (avvocato), Liana Lattanzi (impiegata), Licio Mari (floricoltore), Lidano Salvitti (libero professionista), Liliana Di Perna-Cohen (pensionata), Liliana Rigamonti (consulente), Lina Serusi (interprete), Linda Ventura (casalinga), Livia Di Maria (studente), Livia Matarazzo di Licosa (dirigente), Lorenza Manfrotto (libraia), Lorenzo Accaroli (studente), Lorenzo Benassi (studente), Lorenzo Cilurzo (impiegato), Lorenzo Franceschini (impiegato), Lorenzo Gherlinzoni (studente), Lorenzo Ligato (pensionato), Lorenzo Pacini (studente), Luca Cremaschi (funzionario pubblico), Luca De Lorenzo (consulente), Luca Fontolan (dirigente), Luca Massari (seminarista), Luca Molteni (impiegato), Luca Morelli (commerciante), Luca Pozzoli (impiegato), Luca Rajna (fotogiornalista), Luca Soliani (giornalista), Luca Tenti (praticante), Luca Zauli (insegnante), Lucia Baschirotto (commerciante), Lucia Carozza (impiegata), Lucia Macumelli (impiegata), Lucia Musi (insegnante), Lucia Romagnoli (studentessa), Lucia Romani (impiegata in studio notarile), Lucia Sibona (insegnante), Luciana Rita Gasbarro (dirigente), Luciano Carboni (consulente aziendale), Luciano D'Onofrio (pensionato), Luciano de Martino di Montegiordano (impiegato), Luciano Ferrari (dirigente comunale), Luciano Gianfilippi (giornalista), Luciano Gini (insegnante), Luciano Micheletti (impiegato), Luciano Poggio (commercialista), Luciano Prampolini (commercialista), Luciano Prampolini (ingegnere), Luciano Prinzivalli (pensionato), Luciano Zueneli (insegnante), Lucio La Verde (informatico), Lucio Mengoli (libero professionista), Lucio Pardo (ingegnere), Lucio Tamburini (giornalista), Luigi Bambaci (studente), Luigi Camillo Piani (geometra), Luigi Carlevaris (pensionato), Luigi Milani (insegnante), Luigi Minari (geometra), Luigi Morettini (pensionato), Luigi Murtas (giurista), Luigi Napoli (ingegnere), Luigi Pagnoni (segretario), Luigi Russo (muratore), Luigina Procacci (agente polizia municipale), Luisa Battisti (infermiera professionale), Luisa Bevilacqua (casalinga), Luisa Cabrini (docente universitario), Luisa Monga (insegnante), Luisa Quadalti Senzani (dirigente d'azienda)

– Mair Babad (programmatore), Majid Rassekhi (architetto), Malinda Perera (studente), Manfredi Palmeri (presidente del Consiglio comunale di Milano), Manio Mazzoni (geometra), Manlio Colla (pensionato), Manuela Bartolotti (giornalista), Manuela Fadda (insegnante), Manuela Zevi (promotore finanziario), Mara Marantonio (consulente del lavoro), Marcella Checchia (libera professionista), Marcello Belfiore (studente), Marcello Catalano (cantante), Marcello L. Hassan (pensionato), Marcello Lorello (professore), Marcello Placci (artista), Marco Alberto Milocco (dirigente), Marco Banti (imprenditore), Marco Barmes (operaio), Marco Calamai (commerciante), Marco De Baggis (poliziotto), Marco De Caro (informatico), Marco Emmanuele (studente), Marco Medici (imprenditore), Marco Morselli (insegnante), Marco Nanni (taxista), Marco Nocetti (veterinario), Marco Respinti (giornalista), Marco Ricciardiello (libero professionista), Marco Russo (parroco), Marco Simoni (studente), Marco Tesser (operatore umanitario), Marco Voli (informatico), Marco Zacquini (agente immobiliare), Margherita Giambi (studentessa), Maria Angela Fattore (impiegata), Maria Antonietta Perla (parrucchiera), Maria Antonietta Pinzuti (imprenditrice), Maria Carmen Damiano (impiegata), Maria Caterina Elia (insegnante), Maria Chiara Marotta (studente), Maria Coletta (docente), Maria Cristina Berra (avvocato), Maria Cristina Corvo (insegnante), Maria Didonna (insegnante), Maria Ester Canaletti (pensionata), Maria Gabriella Pittino (pensionata), Maria Genisi (scrittrice), Maria Giovanna Mittino (casalinga), Maria Giulia Mecozzi (studentessa), Maria Gloria Riva (religiosa), Maria Grazia Delsignore (casalinga), Maria Grazia Rainoldi (avvocato), Maria-Luisa Hugnot (insegnante), Maria Paola Leucci (medico), Maria Pascali (insegnante), Maria

Pia di Gasparro Gardini (pensionata), Maria Pia Nanni (pensionata), Maria Rosaria Duraccio (informatore medico), Maria Rosaria Pacelli (dirigente ente locale), Maria Serena Pellegrini (medico), Maria Silvia Riccardi (insegnante), Maria Teresa Scala (funzionario), Maria Ubiali (ricercatrice in fisica), Maria Venera (impiegata), Maria Vittoria Pinna (casalinga), Mariangela Putzolu (pensionata), Marica Magni (addetta stampa), Marie-Christine Ceruti-Cendrier (insegnante), Marina Fioretto (studentessa), Marina Marchi (docente), Marina Marini (cooperatrice sociale), Marina Serri (pittrice), Mario Bueno (infermiere professionale), Mario Codognato (pensionato), Mario Cossu (medico), Mario Grillo (dirigente), Mario Minelli (impiegato), Mario Taliani (libero professionista), Marisa Brambilla (insegnante), Marisa Donatella Lotta (tecnico), Marisa Nice Montecchi (pensionata), Marsilio Marcelli Gandolfo (pensionato), Marta Moriconi (impiegata), Martina Fontana (giornalista), Mary Jo Gretsinger (avvocato), Mascia Mirabassi (impiegata), Massimiliano Perla (carabiniere), Massimiliano Sisi (impiegato), Massimo Cantarella (impiegato), Massimo Caputo (pensionato), Massimo Fornicoli (psicologo), Massimo Gandini (impiegato), Massimo Mesini (insegnante), Massimo Messina (telefonista), Massimo Oggioni (libero professionista), Massimo Siciliano (impiegato), Massimo Tonucci (impiegato), Matt Bristo (informatico), Matteo Bandirali (medico), Matteo Ceserani (insegnante), Matteo Coatti (studente), Matteo Lazzaro (studente), Matteo Luigi Napolitano (professore universitario), Matteo Pasi (studente), Matteo Pozzi (studente), Mattia Fusina (studente), Maurizio Anelli (impiegato), Maurizio Balestra (insegnante), Maurizio Bonanno (avvocato), Maurizio Dossena (dirigente scolastico), Maurizio Franceschi (impiegato), Maurizio Masetti (pensionato), Maurizio Molinari (imprenditore), Maurizio Muscas (medico), Maurizio Scomparcini (impiegato), Maurizio Turchet (artista), Maurizio Verlezza (sacerdote salesiano), Mauro Farbene (consulente informatico), Mauro Leggi (medico), Mauro Maggi (impiegato), Mauro Romanello (religioso), Mauro Vittori (impiegato), Michael Ledeen (analista), Michael Sfaradi (scrittore), Michel Stopponi (consulente), Michela Coletti (monaca buddhista), Michela Doronzo (studentessa), Michele Arpaia (manager), Michele Barile (impiegato), Michele Barillaro (magistrato), Michele Bendazzoli (consulente), Michele Corso (presidente Beth 'Or onlus), Michele Giambitto (consulente informatico), Michele Mancinelli (commerciante), Michele Marinelli (impiegato), Michele Pompei (impiegato), Michele Righetti (carabiniere), Michele Scozzarra (avvocato), Michele Tuzio (impiegato), Milly Ronco (pensionata), Miriam Cesta (giornalista), Mirko De Carli (studente), Monica Gallo (assistente)

– Nadav Offer (studente), Nadir Monaco (impiegato), Nancy Russo (esperta di comunicazione), Natalino Lattanzi (consulente), Nazzareno Leone (ingegnere), Nerella Buggio (libera professionista), Nicola Oldini (libero professionista), Nicola Santoro (studente), Nicola Soliano (dipendente pubblico), Nicoletta Maria Casini (imprenditore), Nicolò Rossi (studente), Nicolò Sagi Schlesinger (ristoratore)

– Omar Tebib (studente), Onofrio de Bari (studente), Oreste Valle (sacerdote), Ornella Alberti (assessore comunale), Ornella Carciani (impiegata), Oscar Morosini (lavoratore autonomo)

– Paola Bailo (impiegata), Paola Bettella (musicista), Paola Brazzale (libraia), Paola Cimatti (insegnante), Paola Cocci Grifoni (enologo), Paola Corona (collaboratrice domestica), Paola Crivelli (docente), Paola Doria (libera professionista), Paola Medori (sociologa), Paola Paoletti (giornalista), Paola Pappafava (insegnante), Paola Raimondi (libera professionista), Paola Turroni (educatrice), Paola Varriale (analista), Paola Ziraldo (casalinga), Paolo Aragona (insegnante), Paolo Bassetto (agente di commercio), Paolo Benetti (libero professionista), Paolo Biagioli (commerciante), Paolo Carbonaio (scrittore), Paolo Degrassi (funzionario), Paolo Della Sala (giornalista), Paolo delli Carri (educatore), Paolo Draghetti (libero professionista), Paolo Ferrero (dirigente industriale), Paolo Frenna (impiegato), Paolo Geminiani (programmatore), Paolo Lattanzi (imprenditore), Paolo Maniglio (religioso), Paolo Mantellini (medico), Paolo Martino (docente universitario), Paolo Melucci (libero professionista), Paolo Migneco (pensionato), Paolo Moschini (giornalista), Paolo Parenti (giornalista), Paolo Pecile (impiegato), Paolo Pelizza (medico), Paolo Porsia (impiegato), Paolo Scagliarini (pensionato), Paolo Soliani (medico), Paolo Trani (pensionato), Paolo Verner (spedizioniere), Pasquale Cocozza (religioso), Pasquale Merella (impiegato), Pasquale Palma (pensionato), Pasquale Ragone (libero professionista), Patricia de Masi Taddei Vasoli (avvocato), Patrizia Rizza (casalinga), Patrizia Zannoni (pensionata), Patrizio Buonafine (imprenditore), Pier Filippo Colombi (programmatore musicale radiofonico), Pier Giorgio Olivato (ingegnere), Piera Alessandra Panvini Rosati (insegnante), Piergaspare Bianchi (impiegato), Piergiorgio Fossale (medico), Pierino Eliseo Rigamonti (pensionato), Pierluigi Mannino (imprenditore), Pierluigi Rocchetti (operaio), Piero Fiore (editore), Piero Lojacono (impiegato), Piero Mario Tadini (pensionato), Piero Masia (impiegato), Piero Papini (pensionato), Pietro Bondanini (pensionato), Pietro Branca (ingegnere), Pietro Franzini (impiegato), Pietro Lotrionte (impiegato), Pietro Marinelli (insegnante), Pietro Pizzuto (impiegato), Pietro Salvatore Reina (insegnante), Pietro Spagnolo (operaio), Pino Agnetti (giornalista), Pinuccio Massari (giornalista), Primo Schoensberg (tecnico), Primo Vezzali (pilota civile)

– Raimondo Di Rienzo (sacerdote), Rachele Levi (tecnico informatico), Rachele Ogliari (dirigente), Raffaele De Angelis (pensionato), Raimondo Mameli (musicista), Ramona Bravi (studente), Remo Valentini (commerciante), Renata Franzolini (insegnante), Renato Cerutti (pensionato), Renato Farina (scrittore), Renato Ubiali (pensionato), Renzo Rossi (libero professionista), Riccardo Barlottini (commercialista), Riccardo Fenizia (docente), Rita Neri (guida turistica), Rita Pinna (disoccupata), Rita Sorrentino (casalinga), Roberta Bonaldi (studentessa), Roberta Paravani (dirigente), Roberta Ricci (psicologo), Roberto Armenia (giornalista), Roberto Boiardi (direttore editoriale), Roberto Colella (giornalista), Roberto Favero (consulente), Roberto Felli (consulente del lavoro), Roberto Friedenthal (dirigente), Roberto Leonarduzzi (impiegato), Roberto Mahlab (imprenditore), Roberto Mazzeschi (ministro di culto evangelico), Roberto Napolitano (imprenditore), Roberto Panizzo (sacerdote), Roberto Pazzi (ingegnere), Roberto Ramacciato (imprenditore), Roberto Ruffini (imprenditore), Roberto Sega (medico), Roberto Trombetta (impiegato), Roberto Vaccarini (impiegato), Rocco Majer (chimico), Rodolfo Caroselli (impiegato), Rodolfo Danieli (pensionato), Romina Pacella (studentessa), Roni Bessi (artista), Ronny Veneziani (pubbliche relazioni), Rosa Fasulo (pensionata), Rosalba Bondi (casalinga), Rosanna Ventrella (pensionata), Rosario Belmonte (tirocinante), Rosario del Vecchio (insegnante), Rosario Polizzi (avvocato), Rosario Taurisano (analista)

– Sabatino Savaglio (libero professionista), Sabrina Mastromauro (imprenditrice), Safowat Abdel Malik (fiorista), Said El Bourji (artigiano), Salvatore Del Vecchio (pensionato), Salvatore Belluccia (odontotecnico), Salvatore Loria (giornalista), Salvatore Napodano (dirigente), Salvatore Piscopo (editore), Salvatore Sanfilippo (informatico), Salvatore Santamaria (pensionato), Sameh George (impiegato), Samir Matta (studente), Samir Wahba (autotrasportatore), Samuele Roberto Piccoli (docente), Sandro Pretolani (veterinario), Sandro Ribi (insegnante), Sandro Rossi (dirigente), Sandro Salvetti (pensionato), Santina Vaccaro (dirigente scolastico), Sara Di Gregorio (studentessa), Sarah Corsini (studentessa), Sarah Nelson (disoccupata), Saverio Petrini (artigiano), Savino Isernia (pensionato), Sebastian Orrù (presidente del Circolo del Buon Governo della Città di Firenze), Sebastiano Paratore (agente di commercio), Sergio

Bianchi (arabista, presidente dell'ong Agenfor Italia), Sergio Cai (viticoltore), Sergio Capogreco (architetto), Sergio Casi (pensionato), Sergio Celani (farmacista), Sergio Fiorenza (agronomo), Sergio Leone (consulente informatico), Sergio Sandàli (dottore commercialista), Sguardo Leale (pensionato), Silvana Magni (casalinga), Silvana Pirazzi (insegnante), Silvana Tasca (ricercatrice), Silvano Bassi (libero professionista), Silvia Anna Costantino (traduttrice), Silvia Colombo (studentessa), Silvia Golfera (insegnante), Silvia Graziotti (insegnante), Silvia Guidi (giornalista), Silvia Haia Antonucci (archivista e giornalista), Silvia Parolini (professore universitario), Silvia Sargentini (insegnante), Simona Denicolò (insegnante), Simona Elli (impiegata), Simona Sarti (assistente sociale), Simona Spotorno (impiegata), Simona Vannicelli (traduttrice), Simona Verrazzo (giornalista), Simone Michi (assicuratore), Simone Pivi (ingegnere), Simonetta Bernasconi (libero professionista), Sofia Francesca Scatena (giornalista), Solange Lasnaud Moretta (decoratrice), Sonia Alessandrini (tecnico di cardiochirurgia), Sonia Ricci (casalinga), Souad Sbai (giornalista), Stefania Azzali (impiegata), Stefania Barbieri (insegnante), Stefania Gioia Wiley (docente), Stefania Pasquali (docente), Stefano Tramezzani (insegnante), Stefano Bussolino (agente di commercio), Stefano Carloni (funzionario), Stefano Cecchini (imprenditore), Stefano Chiarini (operaio), Stefano Comi (studente), Stefano Dambruoso (magistrato), Stefano Doroni (insegnante), Stefano Giuliani (libraio), Stefano Salvatore Carai (operaio), Stefano Riviera (impiegato), Stefano Scavitto (impiegato), Stefano Spolverini (agente immobiliare), Stefano Trebbi (medico), Stefano Zanca (medico), Stefano Zorzi (impiegato), Susanna Mauri (libero professionista), Susanna Romani (commerciante)

– Tarcisio Verdari (pensionato), Tarek Heggy (scrittore), Teresa Genova (bancaria), Teseo Tesei (pensionato), Therese Menghini Antonetti, (webmaster), Tito Gambardella (guardia giurata), Tiziana Costariol (impiegata), Tiziana Mayer (insegnante), Tiziana Soffia (impiegata), Tiziano Bonato (chimico), Tommaso Francesco De Stefano (pensionato), Toni Brandi (amministratore di società), Tullio Rotondo (sacerdote cattolico)

– Valentina Bruno (studentessa), Valentina Cutrufo (studentessa), Valentina Leoni (collaboratrice), Valentina Sarmenghi (giornalista), Valentina Villa (studentessa), Valentino Valentino (sportivo), Valeria Giusti (pensionata), Valeria Montanari (infermiera), Valeria Piccari (imprenditrice), Valerio De Vito (dirigente), Valerio Falzaresi (autista), Valerio Nicola D'Onofrio (medico), Valerio Valentino (studente), Vania Righetti (disoccupata), Vera Proietto Galeano (insegnante), Ville Lignell (artista), Vincenzo Casolani (dirigente), Vincenzo D'Onofrio (consulente), Vincenzo Lettieri (studente), Vincenzo Parente (insegnante), Vincenzo Romeo (libero professionista), Vincenzo Scichilone (imprenditore), Vincenzo Vanacore (insegnante), Viola Ventura (studentessa), Vittoria Lìcari Coppo (docente), Vittorio Bertolini (docente), Vittorio Degli Esposti (ingegnere)

– Walter Crocetti (impiegato), Walter Hassan (imprenditore), Walter Ibba (ispettore carabinieri), Willy Bruschi (studente)

– Yosi Bar (giornalista), Yuri Calliandro (giornalista)

– Zaki Asalli (medico), Zina Saidi (interprete)

C'è una persona che più di ogni altra merita la mia gratitudine: Valentina, mia moglie. Senza di lei questo libro e l'insieme della mia attività intellettuale e di scrittura non sarebbero stati possibili. Entrambi viviamo in una fase magica della nostra vita. Il 20 giugno 2007 la Provvidenza ci ha fatto il dono più bello e insperato: Davide, che ha ravvivato di nuova folgorante e calorosa luce la nostra convivenza. Davide ha lottato per sopravvivere e ha vinto la sua battaglia per la vita. Un contributo l'hanno dato anche i medici che hanno assistito Valentina prima e durante il parto: Alfredo Canonici, direttore della Asl di Civita Castellana; Claudio Giorlandino, responsabile generale del Centro di diagnostica prenatale Artemisia di Roma; lo staff dell'Ospedale Villa San Pietro - Fatebenefratelli di Roma presente in sala parto: Quirico Maglioni, ginecologo; Gianni Cipriani, anestesista; Angelo Vannicelli, pediatra; Emilia Di Pietro, ostetrica; Laura De Leo, caposala del reparto di Ginecologia.

Con noi erano presenti, come lo sono ormai da cinque anni, i carabinieri del Nucleo scorte provinciale di Roma, i miei angeli custodi terreni che mi permettono, vegliando sulla mia incolumità fisica, di poter essere fino in fondo un uomo libero di dire e di scrivere ciò che mi sento dentro. Sono diventati parte integrante della mia famiglia allargata. Senza la loro dedizione e la sensibilità dei loro superiori non avrei la tranquillità interiore per continuare a essere ciò che sono. A nome di tutta l'Arma, che in ogni parte d'Italia si prodiga per garantire la mia sicurezza, unitamente alle altre forze dell'ordine, voglio personalmente ringraziare il comandante del Nucleo scorte provinciale di Roma, maggiore Florimondo Forleo; il comandante del Reparto servizi magistratura di Roma, colonnello Rinaldo Ventriglia; il comandante provinciale di Roma, colonnello Vittorio Tomasone; il comandante Regione Lazio, generale Baldassarre Favara; il capo di Stato maggiore dell'Arma dei Carabinieri, generale Leonardo Gallitelli; il comandante generale dell'Arma dei Carabinieri, generale Gianfrancesco Siazzu.

Una volta tornati a casa, Paola Corona e Paola Liberati ci hanno dato un prezioso aiuto a crescere Davide, insieme a Ines Corzani, che cucina per la famiglia, e Nicoleta Munteanu, che ci aiuta nei lavori domestici. C'è una coppia di amici particolari che desidero ricordare in questo contesto familiare: Elio Fumi e sua moglie Maria Gabriella Pittino. Sono sempre stati vicini a me e a Valentina, e il loro affetto ci è stato di grande conforto. Giuseppina Crisafi e Duilio Cavalieri sono stati degli splendidi amici nel momento in cui ci è servita una mano, e sappiamo che possiamo sempre contare sulla loro amicizia. Ivo Ventura, sua figlia Viola e la sua mamma Laura Feliziani hanno manifestato un sentimento di genuina vicinanza alla nostra famiglia. Giuseppe Cencelli e Maria Rosaria Pacelli sono stati presenti con sincera disponibilità.

Questo libro è stato contrassegnato da una serie di eventi straordinari. A poco più di sei mesi dalla nascita, il 6 gennaio 2008 Davide ha ricevuto il battesimo, e questo è stato il secondo meraviglioso dono che Dio ci ha concesso. Il 22 marzo 2008 la grazia divina mi ha regalato la fede in Gesù e ho avuto il dono più bello della vita ricevendo i sacramenti di iniziazione al cristianesimo, battesimo, cresima ed eucaristia, per mano del Santo Padre Benedetto XVI, nella basilica di San Pietro nel corso della solenne cerimonia della Veglia pasquale. A quel punto ho dovuto praticamente riscrivere il libro, che era stato originariamente concepito come la descrizione del mio turbolento rapporto con l'islam, per trasformarlo nel racconto della mia conversione dall'islam al cattolicesimo. E ho dovuto farlo in dieci giorni. Senza l'aiuto di Valentina non ce l'avrei fatta. Anche suo figlio Martino, di 15 anni, si è prodigato come ha potuto per agevolare il lavoro organizzativo. Ugualmente impagabili sono stati l'impegno e la dedizione spesi da Andrea Cane e Nicoletta Lazzari, della Saggistica Mondadori, per licenziare il libro in tempi da record. Ma la stesura del libro in dieci giorni è stata soprattutto un altro dono della Provvidenza. Ecco perché dico ancora e dirò sempre: Grazie Gesù.

# Indice dei nomi

Arnoldo Mondadori Editore S.p.A.

Questo volume è stato stampato
presso Mondadori Printing S.p.A.
Stabilimento Nuova Stampa Mondadori - Cles (TN)

Stampato in Italia - Printed in Italy